没有任何借口

李屹之◎编著

武汉出版社
WUHAN PUBLISHING HOUSE

（鄂）新登字 08 号

图书在版编目（CIP）数据

没有任何借口 / 李屹之编著 . —武汉：武汉出版社，2013.12（2020.10 重印）

（金牌员工必读书系）

ISBN 978-7-5430-7868-0

Ⅰ.①没… Ⅱ.①李… Ⅲ.①职工－职业道德 Ⅳ.①F272.92

中国版本图书馆 CIP 数据核字（2013）第 232974 号

书名：没有任何借口

编　　著：李屹之

本书策划：李异鸣

责任编辑：解家麟

特约编辑：郭海东

封面设计：沈加坤

出　　版：武汉出版社

社　　址：武汉市江岸区兴业路 136 号　邮　　编：430015

电　　话：(027)85606403　85600625

http://www.whcbs.com　　E-mail：zbs@whcbs.com

印　　刷：天津文林印务有限公司　　经　　销：新华书店

开　　本：720mm×1000mm　1/16

印　　张：13.5　　字　　数：196 千字

版　　次：2013 年 12 月第 1 版　2020 年 10 月第 2 次印刷

定　　价：39.80 元

前言 PREFACE

我们羡慕那些有着辉煌成就的成功者，可是在具体的生活和工作中，我们总是会遇到这样那样的难题、挫折。此时，是找借口做自己的遮羞布、放弃自己的梦想，还是拒绝借口、知难而进？

或许，以看似“合情合理”的借口做挡箭牌，可获得暂时的心理平衡与慰藉，但如果长此以往，借口就如同枷锁一般，禁锢我们的信心和智慧，使我们疏于努力，变得拖延、懒惰、消极、颓废，最终丧失责任感，丧失挑战困难的勇气，错失抓住成功的机会。借口的本质，就是逃避、妥协与放弃。人生中的许多失败，就是源于那些一直麻醉着我们的借口。

“没有任何借口”看似冷漠无情，少了人性的关怀，但是它却可以激发一个人最大的潜能，促使我们借助信念的力量，全力以赴奔赴成功。“如果你有自己系鞋带的能力，就有上天摘星星的机会”，再绝妙的借口对于成功也是毫无益处的，成功属于那些不找借口、勇于承担的人！

现在许多企业都极力推崇“没有任何借口”的理念，那些希望改变自己、渴望成功的人们更是将“没有任何借口”作为自己的人生信条。由此，我们精心推出了这本震撼人心的励志奇书。

本书深刻揭示了“没有任何借口”所包含的职业信念——服从、执行、勤奋、责任、自动自发、方法、忠诚，为我们打开了通往成功的机会之门。

无论是企事业单位的发展，还是个人事业的成功，“没有任何借口”都有着极为重要的启示意义。这本现代励志书籍，将有助于企业打造更具执行力的团队、创造更为丰厚的效益，也为每一位员工提供了一条通往成功的道路！

目　录　CONTENTS

第一章

坚决服从，
拒绝任何借口

借口，影响公司发展的内在隐患

美国的西点军校，相信大家早有耳闻。西点军校一直被称为“美国陆军军官的摇篮”，其中有3700多人成为将军，还出了两位美国总统（格兰特和艾森豪威尔）。其实，西点学员并没有什么超人的能力或智慧，他们所拥有的是超人的心态。在西点军校的22条军规上，第二条就是“没有任何借口”，而第一条是“无条件执行”。

“没有任何借口”是美国西点军校200年来奉行的最重要的行为准则，是西点军校传授给每一位新生的第一个理念。它强化的是每一位学员应想尽办法去完成任何一项任务，而不是为没有完成任务去寻找借口，哪怕是看似合理的借口。

每个军人首先都应该学会服从。这个理念在企业中同样值得大力推广，现在很多公司推崇西点军校的一个教育观念，即“没有任何借口”，这是个很好的现象。“没有任何借口”，这对提高企业业绩无疑是一针强心剂。对每个员工来说，如果贯彻这个理念，工作上无疑会取得很大的突破。更重要的是，他能够获得一种全新的工作理念，从而走向自己职业生涯的顶点。

不久前，几个企业家朋友聚会，大家每次见面讨论的基本上都是企业管理方面的问题，这次也不例外。一家计算机公司的总裁王先生提出的一个问题，引起了大家的同感。

“在我的企业里，现在最让我头疼的问题就是，很多员工都学会了找借口，遇到麻烦事不是推说自己忙，就是干脆推说自己病了，不来上班。或者把本来属于自己的问题推给别的同事去处理。时间一长，形成了一种风气。连以前很勤奋的员工也学会了找借口，以此来减轻自己的工作压力。这两个月来，我们公司的业绩严重下滑，我在员工会议上反复提醒他们纠正这个毛病，但没什么效果。我真不知道怎么办才好。难道把他们全部解雇吗？这显然是不可能的。”王先生无奈地说道。

王先生所提出的这个问题成为了这次聚会谈论的主要话题。其他几位表示，这个问题同时也是他们最头疼的问题。

“现在，公司里找借口、互相推诿，和办公室厌倦症一样，如瘟疫一样在很多的公司里蔓延。前不久，我辞掉了一个老是推说生病不来上班的员工。但后来发现，这样还是不能解决问题，公司里其他人照样找各种借口来搪塞。”一家电器销售公司的老总陆先生同样一脸愁容。

大家一致认为，公司里员工纷纷找借口推卸自己的责任，已经成为影响公司发展的内在隐患。在工作中，我们经常会听到这样或那样的借口。借口就是告诉我们不能做某事或做不好某事的理由，它们好像是“理智的声音”“合情合理的解释”，冠冕而堂皇：上班迟到了，会有“生病了，起得晚”“路上堵车”“手表停了”“今天家里事太多”等等借口；业务拓展不开、工作无业绩，会有“制度不行”“行业萧条”“别人也做的不行”“还有比我更差的呢”或“我已经尽力了”等等借口；事情做砸了有借口，任务没完成有借口。在公司内部，如果有人学会了偷懒、找借口，很快就会有人跟着他学。

“小李经常找借口不来上班，有时候还把工作推给我做，却一直拿着和我一样的薪水。我却付出了比他多几倍的努力，我干吗这么傻啊？”

“小刘借口说自己家离公司远，每天慢腾腾地到中午才来上班，他的收入居然比我还高呢。”

“他生病，我还头疼呢。”

在很多公司，我们时常可以听到这样的抱怨声。通常，公司里只要有一两个经常找借口不守纪律的，其他人往往就会效仿他。不学好的，偏学坏的，真是咄咄怪事！这样一来，就形成了互相推诿、互相抱怨的局面，严重影响了公司团队精神，进而影响到公司的战斗力和经营业绩。

一个小小的借口，可能会毁掉公司一桩大的生意。如果公司里的员工都学会了找借口，那么这个公司很可能会因此而垮掉！

找借口，伤害最大的是自己

前面已经讲到找借口对公司的危害性，也许有的人会说："公司经营好坏和我有什么关系呢？我只不过是被雇佣的员工，即使公司垮了，我大不了另找一份工作，个人并没有什么损失。"

其实，利用借口逃避责任，最大的受害方并不是公司的领导者，而恰恰是那些找借口的人。这个社会缺少的不是寻找借口的人，而是那种想尽办法去完成任务的人。在他们身上，体现出一种服从、踏实的态度，一种勤奋、主动、负责、敬业的精神，一种完美的执行能力。而那些习惯于找借口的人呢？首先，我们可以看到他们找借口往往分为以下几种类型：

1.这几个星期我很忙，我尽量吧。（拖延）

2.搞个这么大的难题给我，主管都做得很费力，我怎么完成得了！（抱怨）

4.我懒得做啊，反正也就那么点工资。（不勤奋、不努力）

5.不行啊，对手那么强，我这么笨，再学习也没用，干脆还是别做了。（不积极主动）

6.条件不成熟，还这么多难题，哪有那么容易完成啊！（不肯找方法）

7.我从没受过适当的培训来干这项工作。（不称职、缺少责任感）

8.老板又不是我兄弟，我干嘛这么拼命，能歇一会儿是一会儿。（不敬业、不忠诚）

看看吧，这些看似冠冕堂皇的借口背后隐藏着多么可怕的东西啊！拖延、抱怨，不勤奋、不努力，不积极主动、不肯找方法，不称职、缺少责任感，不敬业、不忠诚。

其实，无论是在工作中还是在生活中，人们都不喜欢找借口的人。试想，如果你与某人约好时间见面，而他迟到了，见面张口就说路上车太多了、堵车，或者是在门口迷路了等等，你会怎么想？生活中只有两种行动：要么努力地表现，要么就是不停地找借口为自己辩解。没有人会喜欢辩解的，那些动辄就说“我以为”“我猜”“我想”“大概是”的人，想想吧，你们从这些话中得到了些什么？

当然，我们并不能解决“堵车”“迷路了”的问题，我们也不太可能等外部条件都完善了再开始工作，但就是在这种既定的环境中，就是在现有的条件下，我们同样可以把事情做到极致！我们无法改变或支配他人，但一定能改变自己对借口的态度——远离借口的羁绊，抵制借口对自己的影响力，坚定完成任务的信心和决心。越是环境艰难，越是敢于承担责任，锲而不舍，坚忍不拔，就一定能消除借口这条“寄生虫”的侵扰。很多借口其实都是我们自己找来的，牵强附会。同样我们也完全可以远离、抛弃它们。

其实许多人都抱着这样一种想法：我的老板太苛刻了，根本不值得如此勤奋地为他工作。然而，他们忽略了这样一个道理：工作时虚度光阴会伤害你的雇主，但受伤害更深的是你自己。一些人花费很多精力来逃避工作，却不愿花相同的精力努力完成工作。他们以为自己骗得过老板，其实，他们愚弄的只是自己。老板或许并不了解每个员工的表现或熟知每一份工作的细节，但是一位优秀的管理者很清楚，努力最终带来的结果是什么。可以肯定的是，升迁和奖励是不会落在玩世不恭的人身上的。

如果你永远保持勤奋踏实的工作态度，你就会得到他人的称许和赞扬，就会赢得老板的器重，同时也会获取最可贵的资产——自信和能力的提升，对自己所拥有的才能赢得一个人或者一个机构的器重的自信，业务及相关能力的不断提升。

但你如果只想得过且过，随时都可以找到借口来搪塞责任。做不好一件事情，完不成一项任务，会有很多的借口在那儿响应你、声援你、支持你，你很容易学会抱怨、推诿、迁怒甚至变得愤世嫉俗。借口就是一张敷衍别人、原谅自己的“挡箭牌”，就是一个掩饰弱点、推卸责任的“万能器”。有多少人把宝贵的时间和精力放在了如何寻找一个合适的借口上，而忘记了自己的职责啊！

寻找借口唯一的好处，就是把属于自己的过失掩饰掉，把应该自己承担的责任转嫁给社会或他人。这样的人，在企业中不会成为称职的员工，也不是企业可以期待和信任的员工；在社会上也不是大家可信赖和尊重的人。这样的人，注定只能是一事无成的失败者。这样的人早晚会落到被社会所淘汰的境地。如果你不想自己的结局是这样，请你拒绝借口，学会服从！

借口，是你走向成功的第一障碍

自闭、畏惧、爱找借口，有这些毛病的人工作效率低下，很难有所成就。

一位资深编辑曾讲过这样一件事：不久前，我应邀前往一家大公司参加年会，并在会上发表演说。会中有一位老人当场宣布退休，公司董事长首先站起来做一次例行讲话，说一些郭先生对我们公司多么有价值、有贡献，以及现在他要退休，我们对他多么怀念的话。

庆祝大会结束后，郭先生好像被人遗忘了一样，他用手背轻轻地触了我一下，对我说："你是否能给我30分钟的时间，我有话要对你说，顺便发泄一下我心中的郁气。"我无法拒绝这样的请求，于是带着他来到自己下榻的宾馆，点了几瓶啤酒和炒菜。

"您在公司待了那么多年，可谓是劳苦功高，今天晚上光荣退休，真是一个值得纪念的日子。"我打开话题。然而郭先生却说道："今天我并不快乐，我真是不知道该怎么说才好，这是我一生中最悲伤的夜晚。"

"为什么？"我问道。我想要使他认为我很吃惊，其实我心中并不吃惊。

"今晚我只是坐在那里面对我惨痛的一生而已。我感到自己一事无成，彻底失败了。”

“你准备做些什么？”我问道，“你现在才65岁而已。”

“还能做什么，我就要搬到养老院里去了，住在那里直到老死为止，我有一笔不少的退休金以及社会保险金，这些钱足够我养老了。”他很痛苦地说，“我希望这样的日子很快就来临。”

我们陷入了沉默，然后他从口袋中取出今晚才拿到的退休纪念表，说道：“我想把这件礼物丢掉，我不希望留下这些痛苦的记忆。”

渐渐地，郭先生放松下来，他继续说道：

“今天晚上，当钱先生（该公司的董事长）站起来致辞时，你可能无法想象我当时多么悲伤。钱先生和我一起进入公司，但是他很上进，步步高升，我却不然。我在公司领到的薪水最高不过7000元，而钱先生却是我的10倍，还不包括种种红利以及其他福利在内。每当我想起这件事，我总是认为钱先生并没有比我聪明多少，他只是不怕吃苦，经得起磨炼，能完全投入工作，而我没有做到这一点。

“公司内外有很多机会，我都可能获得晋升的。例如我在公司待了5年后，有一次公司要我到南方去掌管分公司，但是我因为感到自己不能胜任而拒绝了。还有一次，公司安排我和另一位同事合作完成一个很大的项目。那位同事很优秀，在合作的过程中，他才华横溢，出众的能力令公司上下大为折服。而我心里却怵得要命，他越有才华，也就越显得我笨手笨脚、毫无优点。到合作后期快要完成时，我终于受不了了，我觉得在这个项目攻关中自己根本就是多余的，所以基本就不参与了，那位同事很是生气，我也没有解释。后来公司再有大的项目安排给我时，我总是找一些借口来推托，依然做着公司的那些小项目。再后来，我就一直做着这些没有什么挑战性的项目做到了退休。现在，一切都已经过去了，我什么也没有得到，真是往事不堪回首啊。”

在郭先生的一生中，他一直游移不定，没有任何实际目标可言。他惧怕真正地面对生活，害怕挺身而出，承担责任，总是找借口来推搪工作，结果到工作生涯结束时也毫无成就感可言。

郭先生像无数人一样，把自己判入终身的心理奴隶的牢笼之中。这种奴隶并不限于某一种类型的工作场所：在办公室中、在商店里、在农场上，以及每一个地方，我们都发现有这种奴隶存在。

这是他们自己的选择，而不是被其他人强迫去当奴隶的。他们之所以会选择当奴隶，是因为他们不知道如何获得解脱、获得自由。

因为自闭、畏惧、害怕承担、爱找借口，他们一般不喜欢和别人合作。这个特点决定了他们工作效率低下，很难有所成就。

现在是一个崇尚合作的时代，几乎所有成功的企业都是在某种合作形式下经营。各个行业也都有它的“协会”或“联盟”，甚至国家与国家之间，也经常组成合作性的联盟。人们已经逐渐了解，最能有效运用合作法则的人，生存得最长久。许多动物都是如此，更何况各种社会关系人际关系更复杂的人类。

普通职员应该具有合作精神，与同事和谐共处，与客户长久稳定地合作。领导者也应该具有合作精神，与员工合作，与相关企业合作，这样企业才能具有生命力，长久发展。如果你在工作中挑肥拣瘦，为了一点小事就可以和同事闹翻，为了一点蝇头小利就断绝和客户的往来，那你无疑是个不具备合作精神的人。因为不具备合作精神，你不思和解，反而以更大的恶意对人，这又会使你陷入更大的窘境。

只有经过和平、和谐的合作努力，你才能获得生命中的成就，单独一个人在社会上是不能取得任何成功的。

服从，优秀职员的第一准则

“服从”看似冷漠，缺乏人情味，但它却可以激发一个人最大的潜力。它是所有企业中优秀员工所奉行的第一准则，它强调的是想尽办法去完成任何一项任务，而不是为没有完成任务去寻找任何借口，哪怕看似合理的借口。

如果一个人在工作时能够坚决服从上司或老板的安排，对工作全力以赴，不计较眼前的一点利益，不偷懒混日子，即使现在他的薪水十分微薄，未来也一定会有所收获。

一个成绩斐然的年轻人谈起自己今日所取得的成就，不禁感慨良多。多年前他在路边一家简陋的旅店做临时员工，用他自己的话说就是“根本就没有什么发展的前途可言”。那么，到底是什么原因促使他拥有了今日的辉煌呢？他回忆道：“那是一个寒冷的冬天，已经很晚了，我正准备关门，进来一对上了年纪的夫妇。他们正为找不到住处发愁。不巧的是，我们店里客也满了。看到他们又困又乏的样子，我很不忍心将他们拒之门外。而且，老板说了，不能拒绝客人的要求。于是我将自己的铺位让给他们，自己在大厅睡地铺。第二天一早，他们坚持按价支付给我个人房费，我拒绝了。本来也就没有什么嘛！

“那对夫妇临走时对我说：‘你有足够的能力当一家大酒店的老板。’”

“开始我觉得这不过是一句客气话，然而没想到一年后，我收到了一封北京的来信，正是出自那对夫妇之手，还有一张前往北京的机票。他们在信中告诉我，他们专门为我建了一座大酒店，邀请我去经营管理。”

年轻人为了把工作做好，服从了老板不能拒绝客人要求的工作指示，没有借口说旅店里客满了，甚至没有计较一夜的房费，而正是这一举手之劳，他获得了一个梦寐以求的机会。

斤斤计较一开始只是为了争取个人的小利益，但久而久之，当它变成一种习惯时，为利益而利益，为计较而计较，就会使人变得心胸狭隘、自私自利。它不仅对老板和公司造成损失，也会扼杀你的创造力和责任心。

“助人就是助己。”不要计较得太多，多做一点对你并没有害处，也许会花掉你一些时间和精力，但是可以使你从竞争者中脱颖而出，你的老板、上司和顾客会关注你、信赖你、需要你，从而给你更多的机会。今天种下助人的种子，总有一天会结出甜美的果实，最终受益的还是你自己。

服从你的老板，并为你的工作付出你所有的精力，也许你的付出无法立刻得到回报，不要气馁，一如既往地付出，回报可能会在不经意间，以出人意料的方式出现。除了老板以外，回报也可能来自他人，以一种间接的方式来实现。付出多少，就得到多少，这是一个基本的社会规律，无可改变。

我们设想一下，如果这个年轻人当时没有服从老板的指示，借口说客满了，把那对夫妻打发走，结果会怎么样呢？也许他直到现在还在那个简陋的旅店里打杂。每个人都会有很多的机遇，往往一个借口就让你错失了也许对你一生来说最重要的机会，而你还浑然不觉。

优秀员工和普通员工的区别在于，普通员工一般都会这么想："公司和老板为我做了些什么？"而那些优秀员工则会想："我能为老板做些什么？"大多数人都认为尽自己的能力完成分配的任务，对得起自己的薪水就可以了。但是，这还远远不够，要想取得成功，必须付出更多，才能获得更多。

也许你会觉得自己已经在工作中投入了很多，却没有马上得到回报，而心有不甘。你会想既然不能升职，还不如忙里偷闲，反正也不会被开除、扣工资。这样一来，以后你就可能会拖延怠工，以免提前完成工作，会揽上其他的事务。久而久之，你的进取心将被磨灭。另外，如果你计较自己的付出没有在短期内得到回报，继而产生抵触情绪，还会影响你在公司里的人际交往。

刚开始工作的时候，你从事的也许只能是很琐碎的工作。你只有服从老板的安排，全力以赴地工作，才有可能得到提拔和重用。

如果一个人在工作时能够完全服从老板的安排，全力以赴，不计较眼前的一点利益，不偷懒混日子，即使现在他的薪水十分微薄，未来也一定会有所收获。注重现实利益本身并没有错，问题在于现在的年轻人过分短视，而忽略了个人能力的培养，他们在现实利益和未来价值之间没有找到一个平衡点。一个人如果钻到钱眼里去，总是算计着自己到底能拿多少工资，总是将自己困在装着工资的红包里，他又怎么能看到工资背后获得的成长机会呢？他又怎么能意识到从工作中获得的技能和经验对自己的未来将会产生多么大的影响呢？

西点人认为，军人职业必须以服从为第一要义。学不会服从，不养成服从观念，就不能在军队中立足。西点的每一分子，对于个人的权威止于何处，团体的权威又始于何处，都会有清楚的认识。对西点人来讲，对当权者的服从是百分之百正确的。因为他们认为，西点军校所造就的人才是从事战争的人，这种人要执行作战命令，要带领士兵向设有坚固防御之敌进攻，没有服从就不会有胜利。

有人对此做了非常生动的描述："上司的命令，好似大炮发射出的炮弹，在命令面前你无理可言，必须绝对服从。"商场如战场。服从的观念在企业界同样适用。对企业和员工而言，服从、敬业、协作等精神永远都比其他东西重要。一个高效的企业必须有良好的服从观念，一个优秀的员工也必须有服从意识。因为上司的地位、责任使他有权发号施令；同时上司的权威和整体的利益，不允许部属抗令而行。一个团队，如果下属不能无条件地服从上司的命令，那么在达成共同目标时，则可能产生障碍；反之，则能发挥出超强的执行能力，使团队胜人一筹。

的确，每一位员工都必须服从上级的安排，就如同每一个军人都必须服从上司的指挥一样。当然，我们相信，服从、敬业等品质不是员工与生俱来的，不会有谁是天生不找任何借口的好员工。所以，给他们进行培训和灌输显得尤为重要，就像西点不断要求军人的着装和仪表一样，最后是要让所有的人都明白："纪律只有一种，这就是完善的纪律。"当你的企业和员工都具有强烈的纪律意识，在不允许妥协的地方绝不妥协，在不需要借口时绝不找任何借口，你会猛然发现，工作因此会有一个崭新的局面。

而对于意志训练，在西点军校，军官向学员下达指令时，学员必须重复一遍军官的指令，然后军官问道："有什么问题吗？"学员的回答只能是："没有，长官。"学员的回答就是作出承诺，就是接受了军官分派给他的任务。就连站军姿、行军礼等千篇一律的训练，都无一不是在培养学员的意志力、责任心和自制力。在这样的训练中，西点军校的文化慢慢渗透到了每一个学员的思想深处。它无时无刻不在激励着学员，让学员总是具有饱满的热情和旺盛的斗志。

处在服从者的位置上，就要遵照指示做事。服从的人就必须要暂时放弃个人的独立自主，全心全意去遵循所属机构的价值观念，全力以赴去完成任务。这个意志训练方法在企业也同样适用，能够保证员工如同军人一般充满热情和斗志，在工作中全力以赴。

不要让推诿成为习惯

曾有学者提出过“习惯律”，他把习惯看得同黄金一样重。他说：“不幸的是，一般人提到习惯这个名词时，他们心里想的往往是坏的习惯。”我们的德行和恶行同样都是习惯的一种。习惯的重要性可以说仅次于天性。可以这样说，任何一种思想和行动的方式，只要不假思索，完全出于自发，它就成了习惯了。习惯是行动的果实。积蓄而成的习惯就成了性格。

不知哪一位诗人曾这样写道：

播种思想，便收获行动。

播种行动，便收获习惯。

播种习惯，便收获性格。

播种性格，便收获命运。

所以教育的精髓在于使有益的行为成为自己长久保持的一种习惯。

人的习惯是在不知不觉中养成的，是某种行为、思想、态度在脑海深处逐步成形的一个漫长过程。一旦错误的想法变成习惯，它对生命的损害是显而易见的。因其形成不易，所以一旦某种习惯形成了，就具有很强的惯性，很难根除。它总是在潜意识里告诉你，这个事这样做，那个事那样做。在习惯的作用下，哪怕是做出了不好的事，你也会觉得是理所当然的。特别是在面对突发事件时，习惯的惯性作用就表现得更为明显。

比如说寻找借口。如果在工作中以某种借口为自己的过错和应负的责任开脱，第一次可能你会沉浸在借口为自己带来的暂时的舒适和安全之中而不自知。但是，这种借口所带来的“好处”会让你第二次、第三次为自己去寻找借口，因为在你的思想里，你已经接受了这种寻找借口的行为。不幸的是，你很可能就会形成一种寻找借口的习惯。这是一种十分可怕的消极的心理习惯，它会让你的工作变得拖沓而没有效率，会让你变得消极而最终一事无成。

如果你工作在一个马马虎虎、拖沓、效率低下的环境下，其实只要稍稍检点一下，你就可以把自己从怠惰和颓唐的状态下拯救出来。对于内心生活，只要像饮食起居那样稍稍下一点工夫就能趋于完美。

人的一生中会形成很多种习惯，有的是好的，有的是不好的。良好的习惯对一个人影响重大，而不好的习惯所带来的负面作用会更大。下面的五种习惯，是作为一名合格的管理者必备的习惯，它们甚至是每一个员工应该具有的习惯。这些习惯并不复杂，但功效却非常显著。如果你是一位管理者，或者你希望将来成为管理者，就应该从现在做起，努力培养这些习惯。

1.延长工作时间。

许多人对这种习惯不屑一顾，认为只要自己在上班时间提高效率，没有必要再加班加点。实际上，延长工作时间的习惯对管理者的确非常重要。

作为一名管理者，你不仅要将本职的事务性工作处理得井井有条，还要应对其他突发事件，思考部门及公司的管理及发展规划等。有大量的事情不是在上班时间出现，也不是在上班时间可以解决的。

这需要你根据公司的需要随时为公司工作。

上述种种情况，都需要你延长工作时间。根据不同的事情，超额工作的方式也有不同。如为了完成一个计划，可以在公司加班；为了理清管理思路，可以在周末看书和思考；为了获取信息，可以在业余时间与朋友们联络。总之，你所做的这一切，可以使你在公司更加称职。

2.始终表现出你对公司及产品的兴趣和热情。

你应该利用每一次机会，表现你对公司及其产品的兴趣和热情。不论是在工作时间，还是在下班后；不论是对公司员工，还是对客户及朋友。

当你向别人传播你对公司的兴趣和热情时，别人也会从你身上体会到你的自信及对公司的信心。没有人喜欢与悲观厌世的人打交道，同样，公司也不愿让对公司的发展悲观失望或无动于衷的人承担重要工作。

3.自愿承担艰巨的任务。

公司的每个部门和每个岗位都有自己的职责，但总有一些突发事件无法明确地划分到哪个部门或个人，而这些事情往往还都是比较紧急或重要的。如果你是一名称职的员工，就应该从维护公司利益的角度出发，积极处理这些事情。

如果这是一项艰巨的任务，你就更应该主动去承担。不论事情成败与否，这种迎难而上的精神也会让大家对你产生认同。另外，承担艰巨的任务是锻炼自己能力难得的机会，长此以往，你的能力会迅速提升经验会更加丰富。在完成这些艰巨任务的过程中，你有时会感到很痛苦，但痛苦却会让你变得更成熟。

4.在工作时间避免闲谈。

可能你的工作效率很高，也可能你现在工作很累，需要放松，但你一定要注意，不要在工作时间做与工作无关的事情。这些事情中最常见的就是闲谈。

在公司，并不是每个人都很清楚你当前的工作任务和工作效率，所以闲谈只能让人感觉你很懒散或很不重视工作。另外，闲谈也会影响他人的工作，引起别人的反感。

你也不要做其他与工作无关的事情，如听音乐、看报纸等。如果你没有事做，可以看看本专业的相关书籍，查找一下最新的专业资料等。

养成了良好的习惯，你就不会再为工作中出现的问题而沮丧，甚至可以在工作中学会大量解决问题的技巧，这样推诿就会离你越来越远，而成功离你越来越近。千万不要让推诿成为你的习惯，就从现在开始，在工作中，在生活中，杜绝任何一次推诿的行为吧！

我们应该崇尚“服从”“拒绝任何借口”的理念。无论你是谁，在人生中，无需任何借口，失败了也罢，做错了也罢，再妙的借口对于事情本身都没有丝毫的用处。许多人生中的失败，就是因为那些一直麻痹着我们的借口。

好好省察自己的内心

只要我们能够时常进行自我检讨，而不是一遇到麻烦事就找借口推卸责任，我们就能建立起正确的工作态度，逐渐成长为公司里最优秀的员工。对于员工找借口的心理，原因其实不外乎以下几种：

a.丧失对工作的兴趣

b.懒惰

c.对老板心怀不满

d.把工作当成苦役

e.抱着得过且过的心态

当然，这些情况也有相关的地方，比如说，有的人是一直懒惰，有的人则是因为对工作不感兴趣而懒惰。

这些毛病会吞噬人的心灵，使内心对那些勤奋之人、成功之人充满嫉妒。那些思想贫乏的人、愚蠢的人和慵懒的人只注重事物的表象，无法看透事物的本质。他们只相信运气、机缘、天命之类的东西。看到人家发财了，他们就说："那是幸运。"看到他人知识渊博、聪明机智，他们就说："那是天分。"发现有人德高望重、影响深远，他们就说："那是机缘。"

他们不曾亲眼目睹那些人在实现理想过程中经受的考验与挫折；

他们对黑暗与痛苦视而不见，光明与喜悦才是他们注意的焦点；他们不明白没有付出非凡的代价、没有不懈的努力、没有克服重重困难的勇气和决心，是根本无法实现自己的梦想的。

任何人都要经过不懈努力才能有所收获。收获的成果取决于这个人努力的程度，没有机缘巧合这样的事存在。

在他们看来，我为公司干活，公司付我一份报酬，等价交换，仅此而已。有的人甚至逃避工作，却心安理得地拿薪水。他们看不到工资以外的东西，毫无责任感，这对他们自己来说是非常有害的，迟早将面临被淘汰的境地，甚至没有人愿意再聘用他们。

假使一个人身体上有了疾病，他就会去找医生，好好检查一下，把它医治好。而如果我们的心灵上犯了卑劣、愚蠢的毛病，那就该服一贴有力的心药来治愈它。

有一个小孩走到杂货店的自动电话亭里，因为电话亭的门没有关好，所以店员可以听到他的话："几天前，你们不是在报上登广告要招聘一个男孩子吗……噢，已经找到了？……这个孩子的工作还合适吗？……谢谢你！再见！"

那个店员看见那孩子走出电话亭，就说："运气很坏吧，没有得到这份工作。"

那孩子说："你想错了，三天前我已经获得这份工作。我只是想知道，他们对我满意不满意。"

有一位演讲家说，他拿起一篇以前讲过的演讲词来读，可是没有读完，因为愈来愈读不下去了。于是又拿起另外一篇，也觉得平淡无奇，觉得有点不对劲。后来他才发现，原来自己的见解已经幡然改观，仿佛河床已经改道，无怪乎重读旧日的演讲词，感到篇篇都不入眼了。

有一位太太写信给自己的好朋友，说她的婚姻濒于破裂，可是终于挽回了。原来，她总是指责丈夫的不是。可是，有一天她坐下来，自己责问自己："假使丈夫的女秘书走了，他会很不方便。假使丈夫丧失了一两位挚友，他会很伤心。可是如果我走了，他有什么损失呢？我只不过是一个自私自利的寄生虫！"

经过如此忠实的自我检讨，她终于把即将破裂的婚姻挽救了回来。

假使我们能够时常这样检讨自己，这就是一种很好的态度。

一位笔友说，他永远忘不了几年以前，他在英国时，有一位老年人告诉他如何省察自己的经过。那位老人很温柔，也很明智，他大概感到笔友很关心他，很羡慕他的风度，所以毫不隐瞒地对笔友诉说自己的过去：

"几年以前，我还很性急易怒，碰到什么事不对劲，就唠唠叨叨发脾气，控制不住自己，这真是不可救药了。因此我的身体和事业都弄得一塌糊涂。我自己固然痛苦，旁人也跟着受累。

"有一天，我跳出了自己的躯壳，仿佛抓小猫小狗一样，一把抓住了自己的颈项，对自己说：'看清你自己，你只是一个平凡的愚人！'如果我们说自己的弟兄是愚人，那是一种罪恶。可是我对自己说'你是愚人！'是应得的报应。我又对自己说：'假使你所信奉的宗教、失败的经验与常识，都不能治愈自己唠唠叨叨的毛病，那么这些东西还有什么用呢？对自己又有什么好处呢？'"

"总之，我给自己吃了一种医治愚人的药，而这种药竟发生了奇效。我决定要运用自己的全部意志力来克服自己的坏脾气。说实在的，我已经很久不再烦躁和忧虑了。它到底使我产生了多大的变化，为他人到底增进了多少快乐，这是无法用语言诉说的。"

只要我们自己稍加注意，拉住自己颈项上的皮，提起来，就像那位老人那样认真训诫自己，不用说，这不仅可以使我们少做不合情理的事，而且还可以不去做许多愚蠢的事。

在工作中也是如此，只要我们能够时常进行自我检讨，而不是一遇到麻烦事就找借口推脱责任，我们就能树立起正确的工作态度，逐渐成长为公司里最优秀的员工。还有比这更鼓舞人心的事情吗？

服从而不盲从

服从，是优秀员工的第一准则，也是一种艺术。服从，体现的是一种执行力、一种责任、一种忠诚，也是一种智慧。服从不等于盲从，盲从既是不负责任，其忠诚也是一种愚忠。

小杨是某集团公司的秘书，平时对于领导可谓言听计从，领导走到哪里，他就跟到哪里，为领导左抱外套、右提皮包、端茶倒水、开门按铃，服侍得领导舒舒服服，因此深得领导的信任。

有一次，领导带小杨出差，结果和客户喝酒时领导喝了个酩酊大醉。在小杨的搀扶下，领导踉踉跄跄地回到了所住的宾馆，结果因对宾馆服务员的服务不满，领导伸手就给了服务员一耳光。因为酒精的作用，打完这一下领导似乎感觉很不解气，又命令小杨去痛打服务员。小杨向来是唯领导马首是瞻，不仅没有劝解、阻拦领导，反而顺手捡起宾馆大厅假山中的石块向服务员砸去，致使这名服务员颅骨骨折，最终抢救无效而死亡。结果，领导因为唆使他人行凶致人死亡被判刑，小杨也因为过失杀人而锒铛入狱。

例子中的小杨从表面上看是绝对服从领导、服务于领导、忠诚于领导，实际上是盲从，是对领导、对自己的不负责任，最后既害了领导，也害了自己。

所以，服从不是盲目地服从、机械地服从，不是阿谀逢迎、谄媚奉承，而是对领导、对自己、对工作的尊重与高度负责。服从是一种智慧，一种艺术。我们说服从而不盲从，但是一定要注意方式、场合等。比如，在众多媒体参加的发布会上，你发现领导的观点有误、不合理，就忙不迭地指出，并附上自己的观点一、二、三、四、五等。那么，等待你的恐怕只有一种结果：被炒鱿鱼了。

作为员工，一定要把握服从的要领，参透服从的奥妙。只有这样，才能充分利用服从的巨大资源，发挥服从的向心力和凝聚力，确保工作的高效率和结果的正确性。下面这位秘书小张就颇具服从的智慧，值得借鉴和学习。

小张每次为领导起草文件时，都会对一些不合理、不完善的地方提出自己的见解。但是小张真的很聪明，他总是针对不合理的地方提出一两点建议，而这一两点建议提出的方式很特别，就是把其他企业遇到的同类问题的处理方式附在文件的后面，并不加自己的任何观点和看法。那么，领导在审阅文件草稿的时候，就会不自觉地参考文件后面的其他企业的做法，从而形成自己新的观点，完善自己的方针和策略。

不知不觉中，领导就对小张充满了信任，凡是遇到重大的决策问题，都先安排他收集一些相关的资料，他也总是把最核心的部分条理清楚地列出，令领导一目了然，成竹在胸。领导从不表扬他，他也从没有抱怨之意。突然有一天，下属公司一个经理离职，在安排新经理时，领导二话没说，直接让小张空降到了下属公司。很多人都感到不解，认为小张根本没有管理经验，恐怕难以胜任经理的职位。但是小张不负领导之望，没多久就把这个下属公司管理得井井有条，效益翻了几番。

服从是员工工作的基础，是调动自己的积极性、有效完成领导命令的智慧与艺术，而不是盲目崇拜、盲目追随、不分对错的奴才行为。学会服从，拒绝盲从，才能使自己获得领导长久的信任，才能更高效地完成工作。

张合伟大学毕业后初到一家保险公司工作，月初公司大会时董事长给新来的职员规定了任务量。面对董事长给出的庞大的数字，张合伟不禁犯了难。

思索了整整一天，张合伟想到：请董事长为自己写一封介绍信，以便能够结识各个企业的高级经营人员，这样开展保险业务收效才会快、才会大。当他向董事长说明自己的来意后，董事长不禁感到很惊讶，加之由于某些原因，董事长此时似乎心情有些急躁，就一脸不快地反问："什么？你想让我来做介绍保险对象的玩意儿吗？"

张合伟听董事长这样说，并没有表现出局促不安，他平静地说："董事长一直教育我们说保险是一项有利于国计民生的事业，可为人们提供多层次的保障服务，我们应该为这项事业而努力奋斗，所以恳请您能予以必要的支持。"此番话既顺从了董事长内心对于保险事业的本质追求，又不卑不亢地表达了希望董事长对职员提供必要支持的期望。

董事长从张合伟的话语中欣赏到他既懂得服从、又不一味盲从的优点，认为他是一个聪明、能干、尽职的干才，于是决定好好栽培、重用他。

的确，对于职员来说，服从比什么都重要，但是服从绝对不等同于盲从。如果老板说什么是什么，你只懂得一味地盲从，不肯提出自己的意见、建议等，那和一台机器有什么分别呢？老板又何必非用如此没有想法或有想法却不肯贡献出来的"机器人"呢？尤其是在竞争激烈的公司，老板更需要听到一些不同的声音，以便博采众家之长战胜对手。

归根究底，服从是优秀职员的第一准则，而能够替老板解决问题，能够为公司的发展建言献策、有所推动，老板才不会忽视你、才会真正赏识并重用你。当然我们需要注意的是，应当在尊重老板权威的基础上提出自己的想法，这就要求我们在平时的工作中一定要把握好其中的尺度。

只有服从而不盲从，才能在老板跟前站稳脚跟，才能使自己的才干得到充分的发挥，才能使自己有长远的发展。

第二章

赢在执行，
不拖延、不抱怨

完美的执行不需要任何借口

“服从”体现了一种完美的执行能力。如果上司命令把某项任务“解决了”，而执行的员工却回答说：“找不到人啊，无从下手啊，不会开机器啊，没有原料啊……”最后，上司急了：“你闪开，让我来干。”不但这样的员工会被淘汰出局，这样的企业也会有生存危险的。

每一个行业的领导人物都认为第一流的人才非常欠缺，根据可靠的材料，社会上仍有许多高级职位在等你。有一个主管曾说，资历很好的人实在很多，但都缺乏一个非常重要的成功因素，这就是执行能力。

每一个工作——不论是经营事业、高级推销工作或在科学、军事、政府机关工作——都要脚踏实地、懂得服从的人来承担。主管在聘用重要职位的人才时，都会先考虑下面这些，然后才决定是否聘用。这些问题有：“他懂得服从吗？”“他会不会坚持到底把事情做完？”“他能不能独当一面，自己设法解决困难？”“他是不是有始无终，光说不做的那一种人？”

这些问题都有一个共同的目的，就是设法了解那个人是不是“说做就做”。

再好的新构想也会有缺陷，即使是很普通的计划，如果确实执行并且继续发展，都比半途而废的好计划要好；因为前者会贯彻始终，后者则前功尽弃。

如果你一直在想而不去做的话，根本成就不了任何事。请你想想看，世界上每一件东西，从人造卫星到摩天大楼以至婴儿食品都是一个想法付诸实施所得的结果。

当你研究“人”（包括成功人士、平庸之辈）时，会发现他们分别属于两种类型。成功的人都很主动，我们叫他“积极行动的人”；那些庸庸碌碌的普通人都很被动，我们叫他“被动拖延的人”。

仔细研究这两种人的行为，可以找出一个普遍现象：积极行动的人都是不断主动做事的人。他真的去做，直到完成为止。被动拖延的人都是不主动做事的人，他总会找借口拖延，直到最后他证明这件事“不应该做”“没有能力去做”或“已经来不及了”为止。

年轻的朋友们，每一个人都应该学会服从，不断去完善自己的执行能力。服从是执行力的表现，无论做什么事情，都要记住自己的责任，无论在什么样的工作岗位，都要对自己的工作负责。

一支部队、一个团队，或者是一名战士或员工，要完成上级交付的任务就必须具有自觉的执行力。接受了任务就意味着作出了承诺，而完成不了自己的承诺是不应该找任何借口的。这是一种很重要的思想，体现了一个人对自己的职责和使命的态度。思想影响态度，态度影响行动，一个绝对服从的员工，肯定是一个执行力很强的员工。

喜欢橄榄球的朋友都知道，锋士·隆巴第，是美国橄榄球运动史上一位伟大的橄榄球队教练。在锋士·隆巴第的带领下，美国绿湾橄榄球队成了美国橄榄球史上最令人惊异的球队，创造出了令人难以置信的成绩。看看锋士·隆巴第的言论，能从另一个方面让我们对执行力有更深刻的理解。

锋士·隆巴第告诉他的队员：“我只要求一件事，就是胜利。如果不把目标定在非胜不可，那比赛就没有意义了。不管是打球、工作、思想，一切的一切，都应该‘非胜不可’。”

“你要跟我工作，”他坚定地说，“你只可以想三件事：你自己、你的家庭和球队，按照这个先后次序。”

“比赛就是不顾一切。你要不顾一切拼命地向前冲。你不必理会任何事、任何人，接近得分线的时候，你更要不顾一切。没有东西可以阻挡你，就是战车或一堵墙，或者是对方的11个人，都不能阻挡你，你要冲过得分线！”

正是有了这种坚强的意志和顽强的信心，绿湾橄榄球队的队员们拥有了完美的执行力。在比赛中，他们的脑海里除了胜利还是胜利。对他们而言，胜利就是目标，为了目标，他们奋勇向前、锲而不舍、没有抱怨、没有畏惧、没有退缩。他们是所有雇员的榜样。

无论什么工作，都需要这种懂得服从、拥有完美执行力的人。对我们而言，无论做什么事情，都要记住自己的责任，无论在什么样的工作岗位上，都要对自己的工作负责。不要用任何借口来为自己开脱或搪塞，完美的执行是不需要任何借口的。

任何拖延和抱怨都于事无补

如果一个人习惯找借口，往往办事也会拖沓，把前天该完成的事情拖延敷衍到后天甚至更晚，这是一种很坏的工作习惯。

对一位渴望成功的人来说，拖延最具破坏性，也是最危险的恶习，它使人丧失进取心。一旦开始遇事拖延，就很容易再次拖延，直到变成一种根深蒂固的习惯。解决拖延的唯一良方就是行动。当你开始着手做事——任何事，你就会惊讶地发现，自己的处境正迅速地改变。

拖延是对生命的挥霍。拖延在人们日常生活中司空见惯，如果你将一天时间记录下来，就会惊讶地发现，拖延正在不知不觉地消耗着我们的生命。

人们都有这样的经历，清晨闹钟将你从睡梦中惊醒，想着自己所订的计划，同时却感受着被窝里的温暖，一边不断地对自己说该起床了，一边又不断地给自己寻找借口再等一会儿。于是，在忐忑不安之中，又躺了五分钟，甚至十分钟……

拖延是对惰性的纵容，一旦形成习惯，就会消磨人的意志，使你对自己越来越失去信心，怀疑自己的毅力，怀疑自己的目标，甚至会使自己的性格变得犹豫不决。

拖延的人往往还喜欢抱怨。也许你生活贫困、负担沉重；也许你没有亲朋好友，无依无靠地生活在异乡他国。于是，你不停地抱怨，感叹命运对自己的不公，抱怨自己的父母、自己的老板，抱怨上苍为何如此不公，让你遭受贫困，却赐予他人富足和安逸。

你所不知道的是，喜欢抱怨的人在世上是没有立足之地的，烦恼忧愁更是心灵的杀手。缺少良好的心态，如同收紧了缚在身上的锁链，将自己紧紧束缚在黑暗之中。

没有人会因为坏脾气和消极负面的心态而获得奖励和提升。仔细观察任何一个管理健全的机构，你会发现，最成功的人往往是那些积极进取、乐于助人，能适时给他人鼓励和赞美的人。身居高位之人，往往会鼓励他人像自己一样快乐和热情。但是，依然有些人无法体会这种用意，将诉苦和抱怨视为理所当然。

如果你不知道自己要什么，就别抱怨老板不给你机会。那些喜欢大声抱怨自己缺乏机会的人，往往是在为自己失败找借口。成功者不善于也不需要编造借口，因为他们能为自己的行为和目标负责，也能享受自己努力的成果。

人往往是在克服困难的过程中产生勇气，培养出坚毅和高尚的品格的。常常抱怨的人，终其一生都不会有真正的成就。或许你正住在一间简陋的破屋里，心中梦想着宽大而明亮的殿堂，那么，你首先应该做的是努力将这间小屋变成一个干净整洁的天堂，将你的精神充满这间小屋。

不妨想一想，你喜欢哪一种工作伙伴呢？是那些总在抱怨、总在找借口的人，还是那些乐于助人、有活力、值得信赖的人呢？

抱怨是无济于事的，只有通过努力才能改善处境。

人们如此善于找借口，却无法将工作做好，这的确是一件非常奇怪的事。如果那些一天到晚想着如何欺瞒的人，能将这些精力及创意的一半用到正途上，他们就有可能取得巨大的成就。

克服找借口的习惯，将其从自己的个性中根除。这种动不动就找借口推卸责任的习惯，正在啃噬你的意志，除非你革除了这种坏习惯，否则你将难以取得任何成就。有许多方法可以克服这种恶习：

第一，每天做完自己应该完成的工作，而且不必等待别人的指示就能够主动去完成；

第二，忙完自己的事情后，尽量帮同事做一些自己力所能及的事情，而且不期望获得报酬和感谢；

第三，每天要将养成这种主动工作习惯的价值告诉别人，至少要告诉一个人。

“戒”掉借口，提高律己力

你只有“戒”掉借口，出色地完成任务，才能在公司中获得你一直以来梦想着的职位。

现在已经有越来越多的学者和专家研究性格与成功之间的关系，这是一个可喜的现象。是的，性格与成功息息相关。因为各人的性格不同，在交往的过程中，各种性格总是在不断地发生冲突。其实，仔细去探究，我们遭遇的很多困难和失败都是来自自己性格的缺陷。

什么样的性格往往决定了你会采取什么样的处事方式。但面对同一事情，你还是可以选择自己的处理方式的。你可以选择懒惰，也可以选择勤奋；你可以选择微笑，也可以选择冷漠。不是吗？你是完全可以做出正确选择的，不要一味由着自己的性格去办事。下面我们讲述一个关于本杰明·富兰克林的故事。

富兰克林曾经奇怪地觉察到他正在不断地失去一些朋友。他意识到自己不断地在与人发生争执，人际关系出现了严重的问题。

这时候快过新年了，大家都在制订新年计划。富兰克林经过考虑，开出了一张清单，清单上有他所有让人讨厌的性格特点。他把它们一一列了出来，并且把最有害的一种放在清单的第一位，然后依次排下来。他决定要一个一个地改掉这些讨厌的性格特点。每次当他发现自己已经改掉其中一个毛病的时候，他就把这个毛病从清单上划掉，直至清单上所列出的问题全部划掉为止。他因此成了全美国人格最完美的人之一。如今在性格塑造方面，富兰克林经常被当作这方面最杰出的例子来引用。

我们可以进而想一想，如果富兰克林没想到去改进自己的性格，他能取得后面那么巨大的成就吗？华盛顿总统曾经这样说："如果让我说出我所敬佩的人的名字，第一个是富兰克林，第二个是富兰克林，第三个还是富兰克林。"这句话道出了富兰克林在美国人心中的地位。

如果不改变与生俱来的性格，如果富兰克林依然热衷于与人争辩，他绝不可能成功地说服法国人来帮助殖民地，美国的历史也许就将改写。

由此我们可以看到性格的巨大力量。而且，性格是可以改变的。在富兰克林这个例子里，我们应该学习他勇于改正自己缺陷的精神。不妨这样想，连性格都可以通过努力去改变，找借口推诿的毛病还怕改不了吗？

每个人在工作中都会遇到很多烦心的问题，如果没有很好的律己力，往往很难一如既往地努力工作。律己力是人与动物的根本区别之一。动物不会考虑长远利益，只要有诱饵，就容易上当。只有人才能立足现在，放眼未来，衡量局部利益和整体利益。能律己，也就意味着能理性思考，对各种情况都能冷静考虑，是非轻重的衡量有依循标准，不致利令智昏，误了大局。律己力正是人成熟与否的重要标志。

人毕竟不同于动物，不要做内在冲动的奴隶，要用远大的理想来控制自己的内在冲动。能律己，才能获得真正的自由，能律己，才能取得更大的成功，律己才是通向幸福的康庄大道。

实际上，能“戒”才能获得更大的自由。比如抽烟上瘾，烟瘾此时就是你的镣铐，不抽不行，你被烟瘾所控制，不得自由。只有戒掉了烟，你才砸烂了镣铐，挣脱了控制，达到了真正的随心所欲，做了自由自在的自己。

同样，你只有“戒”掉借口，学会服从，提高律己力，出色地去完成任务，才能在公司中获得你一直以来梦想着的职位。

学会自制，别在工作时闹情绪

毫无疑问，拒绝或忽视运用自制力的人，实际上是把好机会一个又一个地浪费掉，而且，最糟的是，他们本身并不知道错过了这些机会。

成功者大多比普通人懂得自制，他们一致认为在工作中闹情绪是非常有害的。

美国名将罗伯特·李将军，有一次参加一个朋友孩子的洗礼，孩子的母亲请他说几句话，以作为孩子漫长人生征途中的准则。李将军的答案，是把带领自己历经征战苦难，最后荣获美国史上崇高地位的教条，归纳成一句极简短的话："教他懂得如何自制！"

从这样一位伟大的军人口中发出"自制"这一训言，真是出人意料！那个做了母亲的女子听了这话，不知有什么感触。甚至再进一步，也有人会怀疑，这忠告会不会使当今的父母感到震惊？

美国人曾这样说自己，这些年来，无论是对我们自己，或我们的孩子，已经不再强调要如何自制。相反地，我们非常注意自己的需要。我们似乎觉得这个世界亏欠我们许多美好的东西，如果我们不去争取，那么就虚度此生了。自律使人厌烦，结果我们美国几乎赢得了一个不受欢迎的名声——这是一个大人不知满足，孩子多被宠坏的国家。

在哈佛大学，曾经有过这样一个故事：

一向为大家所爱戴的教务长伯立格先生，有一次问一个学生，为什么他没有把指定的功课做好。

那学生回答："我觉得不太舒服。"

教务长就说："史密斯先生，我想，有一天你也许会发现，世界上大部分事情，都是由觉得不太舒服的人做出来的。"

每逢阴霾的早晨，当你因为一定要在九点钟开始工作而生气的时候，想一想这位教务长的话，这样立刻会觉得很安适，然后开始做必须做的工作。

毫无疑问，拒绝或忽视运用自制力的人，实际上是把好机会一个又一个地浪费掉，而且，最糟的是，他们本身并不知道错过了这些机会。

有一位学者讲述过这样一件事：一天，我站在一家商店里出售手套的柜台前，和受雇于这家商店的一名年轻人聊天。他告诉我，他在这家商店服务已经四年了，但由于这家商店的"短视"，他的服务并未受到店方的赏识，因此，他目前正在寻找其他工作，准备跳槽。在我们谈话时，有位顾客走到他面前，要求看看帽子。这位年轻店员对这名顾客的请求不理不睬，一直继续和我谈话，虽然这位顾客已经显出不耐烦的神情，但他还是不理。最后，他把话说完了，这才转身对那名顾客说："这儿并不是帽子的专柜。"那名顾客又问，帽子专柜在什么地方。这位年轻人回答说："你问那边的管理员好了，他会告诉你怎么找到帽子专柜。"

四年多来，这个年轻人一直站在一个很好的机会上，但他却不知道。他本来可以和他所服务过的每个人结成好朋友，而这些人可以使他成为这家店里最有价值的人，因为这些人都会成为他的老顾客，而不断回来与他交易。但是，对顾客的询问不理，或是冷冷淡淡地随便回答一声，是抓不住任何顾客的。

某一个下雨天的下午，有位老妇人走进匹兹堡的一家百货公司，漫无目的地在公司内闲逛，很显然是一副不打算买东西的态度。大多数的售货员只对她瞧上一眼，然后就自顾自地忙着整理货架上的商品，以避免这位老太太去麻烦他们。其中一位年轻的男店员看到了她，立刻主动地跟她打招呼，很有礼貌地问她，是否有需要他服务的地方。这位老太太对他说："我什么也不需要。"男店员表示，即使如此，她仍然很受欢迎。并且他主动和她聊天，以显示他确实欢迎她。当她离去时，这个年轻人还陪她到街上，替她把伞撑开。这位老太太向这个年轻人要了一张名片，然后径自走了。

后来，这位年轻人完全忘了这件事情。但是，有一天，他突然被公司老板召到办公室去，老板向他出示了一封信，是一位老太太写来的。这位老太太要求这家百货公司派一名销售员前往苏格兰，代表该公司接下一所豪华住宅的装潢业务。

这位老太太就是美国钢铁大王卡耐基的母亲，她也就是这位年轻店员在几个月前很有礼貌地护送到街上的那位老太太。在这封信中，卡内基夫人特别指定这个年轻人代表公司去接受这项工作。这项工作的交易金额十分巨大。这个年轻人如果不是热情地招待了这位不想买东西的老太太，他将永远不会获得这种极佳的晋升机会。

伟大的生活基本原则都包含在最普通的日常生活经验中，同样，真正的机会也经常藏匿在看来并不重要的生活琐事中。

你可以去询问你所遇见的任意十个人，问他们为什么不能在他们所从事的行业中获得更大的成就，这十个人当中，至少有九个人会告诉你，他们并未获得好机会。你可以对他们的行为作一整天的观察，以便对这九个人作更进一步的正确分析。我敢保证，你将会发现，他们在这一天的每个小时当中，正不知不觉地把自动来到他们面前的良好机会推掉。

不抱怨地工作

在我们的周围，经常有朋友会抱怨自己运气不好，找不到满意的工作；或埋怨领导没有眼光，导致自己没有升职的机会；或感叹公司发展前景黯淡，工作起来实在没有动力……

一旦在工作中习惯了抱怨，习惯了怨天尤人，那么除了日复一日的所谓“怀才不遇”与暗自辛酸以外，就没有什么真正的收获了。

两位美国姑娘截然不同的经历就恰好印证了这个道理。这两位女孩一个名叫露易丝，一个名叫安娜。露易丝出生在一个背景非常好的家庭中，她的父亲是当地很有名望的整形外科医生，母亲则是一所著名大学的物理学教授。良好的家庭环境对她的帮助很大，她完全有机会实现自己的理想。露易丝的理想是做一名优秀的节目主持人。她充分相信自己有从事这方面工作的才华和能力，因为她感到在与他人相处的时候，大家都非常乐于和她交谈，愿意对她说出自己内心的想法。她时常对别人说：“只要有人能够给我一次机会，让我上电视，我相信我一定能够成功。”大学毕业以后，露易丝在家等待了一年多的时间，可是一直没有人主动给她提供一个上电视的机会。于是她变得焦急、苦闷，心情烦躁，她不断地祈求上天能赐给她一个机会。可是，机会终究没有光临。她变得越来越烦躁，经常无缘无故地发脾气，抱怨别人没有意识到她的才华、给她展示才华的机会。

安娜的情况和露易丝截然不同。安娜的家庭条件比较差，父母都是很普通的工人，每天为生活奔波，根本就顾不上她。安娜读书也没有固定的经济来源，父母的工资除去全家开销以及母亲的医药费，几乎所剩无几了。于是安娜白天打工，晚上就到加州大学洛杉矶分校去读夜校。安娜和露易丝唯一共同的地方就是拥有相同的理想，安娜也很想成为一名优秀的节目主持人。毕业以后，安娜不像露易丝那样被动地等待，为了谋得一份符合自己愿望的职业，她跑遍了洛杉矶的每一个广播电台和电视台。但是，每一个地方所给出的答案都令她十分失望："我们只雇佣有工作经验的人。"可是，这个要求看起来是多么的不合理，不给工作的机会，又怎么能获得经验呢？安娜和每一位接待她的人辩论着。

虽然此时的安娜得到的结果和露易丝一样，但是她并没有像露易丝一样只是不切实际地等待。她开始主动为自己创造机会。一连几个月，她都仔细地浏览广播电视方面的各种报纸和杂志，她还四处托人去打探各种可能的工作机会。终于有一天，她在报缝中发现了一个令她激动不已的广告：北达科他州有一家很小的电视台，正在招聘一名预报天气的女性。北达科他州在美国的北部，那里经常下雪，气候非常寒冷。安娜是很不喜欢雪的，可是她已经顾不了那么多了，她急切地想到那里去。她想：只要工作能和电视有关，让我干什么都行，别说是下雪，就是刮飓风也没有关系。

在北达科他州工作了两年以后，安娜积累了丰富的工作经验。当她再次到洛杉矶电视台应聘的时候，几乎是轻而易举就找到了一个职位。又过了几年，安娜得到了提升，成为著名的电视节目主持人。

而此时的露易丝依然心怀主持人的梦想，却一直做着自己不喜欢的工作。她从来不肯为主持人这一目标积极行动，而只是抱怨别人没有发掘她的主持才能……

从安娜和露易丝身上，我们可以清晰地看到两种截然不同的生活态度所决定的生活轨迹。面对同样的问题，安娜懂得为自己创造一切可能成功的机会，积极行动，不断地实践，不断积累经验，最终进了梦寐以求的洛杉矶电视台。露易丝则一直停留在无边的抱怨与幻想中，她坐等机会，期望机会从天而降。然而，时光飞逝，她却什么也没有得到，只是抱怨别人没有给她机会。

机会与成功都不是凭空得来的，如果只是被动等待，而不积极地行动，那么最终只能是在抱怨心理的作祟下离成功越来越远；如果面对问题，不抱怨、不畏惧，积极行动，全力以赴地追求，孜孜不倦地努力，那么就能拥抱希望与成功。的确，真正优秀的人不会感慨生不逢时，不去抱怨命运不公，他们把宝贵的时光用来充实自我，不断提高，从而把握了成功的主动权。

巴顿将军在他的回忆录《我所知道的战争》中曾经写到这样一个细节：我要提拔人的时候常常把所有的候选人排到一起，给他们提一个我想要他们解决的问题，比如我说："伙计们，我想要在仓库的后面挖一条战壕，8英尺长，3英尺宽，6英寸深。"然后我就走进一个带后窗户的仓库，通过窗户来观察他们。我听到他们有的说6英寸还不够当火炮掩体，有的说这样的战壕太热，有的则说太冷，有的军官还会抱怨他们不该干这种体力活。最后，有一个伙计对别人下命令说："不要再抱怨了，让我们把战壕挖好后离开这里吧，那个老畜生想用战壕干什么都没有关系。"

巴顿将军后面在回忆中写道："这个伙计最后得到了提拔，因为我必须挑选不找借口、不抱怨、不拖延地完成任务的人。"

抱怨心理是非常可怕的，它不但耽搁工作的进行，拖延工作的进度，而且一旦形成抱怨的习惯，就会在自己的精神上常常堆积出许多负担，影响我们走向成功。

在很多时候，我们已经具备了足够胜任工作的知识、才能、技术等，但却依然不能升职、加薪、走向成功，这很有可能就是因为抱怨心理导致我们的行动速度落后于人。只有不抱怨地工作，迅速反应，立即行动，才有成功的可能。

不要把困难在想象中放大

很多时候，我们会抱怨：“老板交给我的任务这么难，让我怎么做啊？”或者直接推诿：“我可没有能力做好啊，还是交给老王来做吧！”

我们必须要承认的是，很多被我们认为是“难于上青天”的工作最终都被我们身边的同事、朋友攻克了，难道我们在心底真的认为自己不如别人聪明吗？认为自己的能力真的大不如人吗？答案理所当然是否定的，可是到底是什么使得我们总是对稍有难度的工作持以抱怨、推诿、拖延等态度呢？关键就在于我们的内心，无形中我们把困难放大了不知多少倍。真正的智者都知道，在关键时刻，只要鼓足勇气，克服抱怨、退缩、畏惧的心理，积极地采取行动，一定能换来有意义的结果。

《明星报》的记者琼斯在刚刚参加工作时，上司交给他一个看似很艰难的任务——采访大法官布兰代斯。像众多新人一样，第一次接到如此重要而艰巨的任务，琼斯并没有表现出激动兴奋的神情，他为此而愁眉苦脸、烦恼不已。

起初，琼斯总在想：自己所任职的这家报社又不是当地知名的报社，大法官会同意接受采访吗？即使勉强同意，可自己也只是一名刚刚出道、名不见经传的小记者，大法官又怎么可能让自己去进行采访呢？同事史蒂芬知道了琼斯的苦恼之后，拍了拍他的肩膀，鼓励他：“我很理解你现在的想法。现在让我来打个比方吧，这就好比是躲藏在一个阴暗的屋子里，你感觉到黑暗寒冷，如果再想象着外面的阳光是多么炽热，那么你就会被自己的想象所控制，只会感到越来越黑暗、越来越寒冷。可是，你坐在这间屋子里一直这样想象有意义吗？其实，最简单有效的办法就是向屋外跨出第一步。”

说完这些，史蒂芬拿起琼斯桌子上的电话，查询了大法官布兰代斯办公室的电话。很快，他就联系上了布兰代斯的秘书，接下来史蒂芬直截了当地提出了请求：“您好，我是《明星报》新闻部的记者琼斯，奉命采访大法官，不知道他今天能否接见我呢？”

对于史蒂芬如此直接的言语，旁边的琼斯着实吃了一惊。

史蒂芬则一边听电话，一边抽空对着目瞪口呆的琼斯扮着鬼脸。接着，琼斯听到了史蒂芬的答话，一句令他心潮澎湃的话：“好的，谢谢你，明天1点15分，我准时到。”

“你看！直接向别人说出自己的想法，不就管用了吗？总是坐在那里而不去行动，只会把困难想象得越来越大。”史蒂芬向琼斯扬了扬手中的话筒，“明天中午1点15分，你的约会定好了，准时去。”刚开始还惊奇不已的琼斯，此时面色缓和，似有所悟。

多年以后，曾经羞怯腼腆的琼斯成了《明星报》的台柱记者。而对于史蒂芬所教会他的，他始终铭记于心，“从那时起，我学会了单刀直入的方法。虽然做起来不易，但是真的很有用。永远不要把困难在想象中放大。学会克服心中的畏怯，我们很容易就有可喜的收获。”

的确，很多时候那些被无限放大的困难只是一种并不存在的假象，我们只是被自己的畏惧心理绑架了，一旦真正地行动起来，其实并没有那么困难。只要鼓足勇气去做，一切问题都会迎刃而解。

约翰是一家保洁公司最年轻的职员之一，工作非常勤奋努力，但是和其他有经验的老职员相比，约翰似乎真的略显稚嫩。由于业务不断增多，公司准备开拓一个新市场，但是新市场的负责人迟迟未能确定下来。

新市场选定在一个非常偏僻的地方，而在这样的地方开辟市场是一件具有相当困难的事。很多人都怕到那里是徒劳无功，或嫌弃那里恶劣的环境等，最终没有一个人愿意接受这个艰巨的任务。

公司负责人曾物色了很多人选，但是统统被他们以各种理由推托了，无奈之下，公司的负责人只好退而选其次，派了默默无闻的约翰去执行这项任务。约翰接到公司通知时没有任何怨言，带着公司生产的产品样本就立即出发了。

经过四个月的不懈努力，约翰终于在那个人人都觉得产品很难打开市场、很难有销路的地方使公司的产品站稳了脚跟。经过认真的调查研究，约翰认为那里的市场具有更大的发展潜力。

当约翰把这个振奋人心的消息带回公司时，那些老职员们惊奇地问他是如何看到那里的发展潜力的。约翰微微一笑，说道："其实在出发之前我也没有信心，但是我必须服从公司的安排。而到了那里后，经过实地调查，我发现很多居民还是很喜欢我们的产品的，只是心中稍有疑虑而已，根本就不是我原来所想象的毫不理会、毫无兴趣。于是，我作出相应的对策，全力以赴地去努力，结果我成功了。"

的确，作为员工，应该坚决服从公司的安排，如果工作中确实遇到困难，切忌拒绝面对、停滞不前，而应战胜胆怯心理，立即执行。俗话说得好："如果你不敢去跑，就永远不可能赢得竞赛；如果你不敢去战斗，就永远不可能赢得胜利。"很多时候，我们不能战胜困难，不敢迎难而上，并不是因为那些工作真的“难于上青天”，只是无法逾越自己畏惧困难的心理鸿沟而已。

的确，很多时候，我们深受胆怯之害，屈服在所谓的“困难”之下——从未操作过的项目种类，看似没有潜力的市场，似乎非常难搞定的客户……可是，当其他同事将这个项目圆满完成，将这片市场成功开发，让客户心悦诚服签下单子，那时的我们是否在心底叹惜自己因为胆怯、因为畏惧困难、缺乏勇气而与良机失之交臂呢？

人生在世，最大的敌人就是自己，恐惧、胆怯等错误的心理是导致我们失败的最根本原因。我们应当谨记一点：任何困难都是一时的，都是可以克服的。只要我们能过了自己这一关，树立起坚定的信心与信念，那么克服再大的困难也都是易如反掌。永远不要把困难在想象中放大，勇敢战胜自己，战胜胆怯，拿出自己的勇气与魄力，终会有所成！

马上行动吧

我们正处在一个讲究效率的时代，在瞬息万变的现代社会中，存在着很多不确定因素，稍有迟疑，就可能使原来非常杰出的构思，在片刻之间变得一文不值。

如果将成功者的成功仅仅归功于深思熟虑的能力和高瞻远瞩的思想，那就失之片面了。他们真正的才能在于他们审时度势然后付诸行动的速度，这才是他们最了不起的能力，这才是他们出类拔萃、自居实业界最高最好职位的原因。什么事一旦决定马上就付诸实施是他们共同的本质，“现在就干，马上行动”是他们的口头禅，今天所想的好主意今天就得实行。而与立即行动相反的是“拖延”。大多数人或多或少存在拖延的习惯，想得好好的事，就是迟迟不能付诸实行。“等明天”“等合适的时候”“等条件具备才干”“等找到工作”“等结婚”“等小孩子长大”“等退休”……这样等下去，可想而知，结果只能是“等到下辈子吧”。

安东尼·吉娜是纽约百老汇最负盛名、最受人们欢迎的演员之一，她曾经在著名的脱口秀节目《陕乐说》中讲述了她的成功之路。大学时的吉娜是学校艺术团的歌剧演员，毕业的时候，她向人们展示了一个璀璨的梦想：先去欧洲旅游一年，然后到百老汇去拼搏，争取成为一名优秀的明星。

吉娜的心理学老师找到她，问道："你到欧洲旅游之后去百老汇，跟一毕业就去有什么差别？"吉娜仔细一想：是呀，赴欧洲旅游并不能帮助我争取到百老汇的工作机会。于是，她决定几个月之后就动身去百老汇。老师又问她："你几个月以后再去和现在就去有什么不同？"吉娜有些激动，想到那个金碧辉煌的舞台和那双在睡梦中萦绕不绝的红舞鞋，她情不自禁地说："好，给我一个星期的时间准备一下，然后马上就出发！"老师步步紧逼："所有的生活用品在百老汇都能买到，为什么非要准备一个星期呢？"吉娜终于双眼盈泪地说："老师，你真的认为我可以吗？"老师坚定地看着她说："你当然可以！"

"好的，我明天就动身。"老师赞许地点点头，说："我马上帮你订好明天的机票。"第二天，吉娜就坐飞机到了全世界最巅峰的艺术殿堂——纽约百老汇。当时，百老汇的制片人正在酝酿一部经典剧目，上千名各国演员蜂拥而至，应聘该片主角。

按照当时的应聘步骤，是先挑选十个左右的候选人，然后让他们按剧本的要求表演一段主角的道白。这意味着要经过百里挑一的艰苦角逐。吉娜到了纽约后，没有急着去漂染头发和购买衣服，而是马上从各个渠道设法找到将要排练的剧本，最终她从一个化妆师手里拿到了剧本。在以后的两天中，吉娜闭门苦读，坚持排练。初试那天，当其他应聘者都按常规介绍自己的表演经历时，吉娜却要求现场表演那个剧目的道白，最终她以精心的准备出奇制胜。

就这样，吉娜来到纽约的第三天，就顺利地进入了百老汇，穿上了她演艺人生中的第一双红舞鞋。

吉娜在老师的追问下，不拖延、不耽误、及时行动，迈开了脚步；在百老汇艰难的角逐中，不抱怨、不后退，最终收获了成功。

若想做出一番事业就一定要能够做到不拖延、不抱怨，马上行动！

马上行动吧！

这句话是一个最惊人的自动启动器。任何时候，当你感到拖延的恶习正悄悄地向你靠近，或者当此恶习已迅速缠上你，使你动弹不得时，你都需要用这句话提醒自己。

总有很多事情需要去做，如果你正受到怠惰的钳制，那么不妨就从碰见的任何一件事着手。是什么事并不重要，重要的是，你突破了无所事事的恶习。从另一个角度来说，如果你想规避某项杂务，那么你就应该从这项杂务着手，立即进行。否则，事情还是会不断地困扰你，使你觉得烦琐无趣而不愿意动手。

当你养成“现在就动手做”的工作习惯时，你就掌握了个人进取的精义。

你工作的能力加上你工作的态度，决定你的报酬和职务。那些工作效率高、做事多并且乐此不疲的人，往往担任公司最重要的职务。当你下定决心永远以积极的心态做事时，你就朝自己的远大前程迈出了重要的一步。

一开始，你会觉得坚持这种态度很不容易，但最终你会发现这种态度会成为你个人价值的一部分。而当你体验到他人的肯定给你的工作和生活所带来的帮助时，你就会一如既往地用这种态度做事。

忙碌的人不肯拖延，他们觉得生活正如莱特所形容的那样：“骑着一辆脚踏车，不是保持平衡向前进，就是翻覆在地。”效率高的人往往有限时完成工作的观念，他们确定做每件事所需的时间，并且强迫自己在预期内完成。即使你的工作并没有严格的时间限制，也应该经常训练自己。当你发现自己能在短时间内做更多的事时，一定会惊讶不已的！

人生要想成功，就要一点一滴地奠定基础。先给自己设定一个切实可行的目标，确实达到之后，再迈向更高的目标。

现在就动手做吧！停止拖延，按照本书的提示，立即去提高自己的成功素质，缺什么补什么。以下是克服拖延、立即行动的对策探讨：

1.增强自信心。立即将要做的事作个规划安排，能马上做的就马上做，不能马上做的，定下明确具体的时间。

2.增强规划自己的能力。每天检查自己的得失，做出第二天的行动计划。

3.提高策略水平，多想办法和计谋。比如将繁杂的工作适当分解为许多小的行动步骤，一次做一点。

4.限时完成任务，给自己一定的激励和约束。

5.破釜沉舟，自断退路，自我逼上梁山，阻断借口。

6.寻求帮助，找合作伙伴或取得别人的支持。

7.不要追求十全十美。

下列是几种克服拖延的实用小技巧，很有参考价值。

第一，分类找原因技巧。

是什么原因使我无法做某项工作？寡断？害羞？无聊？无知？散漫？恐惧？疲倦？无法忍受不愉快？缺乏必备的工具？一字一句具体指出拖延某事的原因，区分类别。如能正确地认清问题，则解决方法就会变得相当明确。如信息不足，则可以开始寻找必需的资料。

第二，大腊肠切片技巧。

工作如果相当艰巨，则稍稍暂缓，拿出纸来做思考，记下完成工作的所需步骤，步骤的幅度愈小愈好，即使它们只需花费一两分钟，也须分别记下。这个艰巨的工作就像一条未被切割的大腊肠，庞大、皮厚、油腻，难以入口，但若切为薄片，则相当引人垂涎。将艰巨的工作分开看待，即是一个个小小的即时工作单，就像可以马上享用的腊肠片，而非整条腊肠。

第三，引导式工作。

假设想拖延写信，不要试着去强迫自己（因为已经试过，且没有效果），只要完成一小步骤，当做完此步骤，便可以决定是否要继续去写信。这步骤可能是看看信的地址，或将纸转入打字机，或取下纸来，或写下想提出的要点。任何事皆可，只要是明显的身体行为。这是打破内心困顿的方式，其理论基于：事物静止时依旧是静止着，运动时依旧是运动着。

第四，5分钟计划。

有些工作难以分割成小块，如想清理积压如山的公文，大约需要一小时，实在很难将它简单分割成“即时工作”。这时，可试试5分钟计划，和自己做个约定，允诺以5分钟做这工作，时间一到，便可自由去做想做的事，或是继续5分钟。不管工作多么令人厌烦，仍须常常去做5分钟。5分钟后，若不想接着继续干，则不要干，约定就是约定。在将工作撇开之前，记下另一个5分钟工作的时间。

此外，记日记，和自己对话，利用录音机和自己对话，让信得过的亲朋好友固定时间督促检查你的工作，这些方法可克服拖延。

第三章

勤奋努力，首先是为了你自己

你在为自己工作，而不是别人

一个人在做雇员时缺乏勤奋努力的工作态度，这种习气必将影响到他的今后，无论他做何种行业，或者是自己做老板，这种态度绝不会轻易被驱除。

“我不过是在为老板打工。”这种借口具有很强的代表性，在许多人看来，工作只是一种简单的雇佣关系，做多做少、做好做坏对自己意义并不大。

老王和老张同在一个车间里工作，每当下班的铃声响起，老王总是第一个换上衣服，冲出厂房，而老张则总是最后一个离开，他十分仔细地做完自己的工作，并且在车间里走一圈，看到没有问题后才关上大门。

有一天，老王和老张在酒吧里喝酒，老王对老张说：“你让我们感到很难堪。”

“为什么？”老张有些疑惑不解。

“你让老板认为我们不够努力。”老王停顿了一下又说，“要知道，我们不过是在为别人工作。”

“是的，我们是在为老板工作，但是，也是在为自己而工作。”老张的回答十分肯定有力。但是，大多数人并没有意识到自己在为他人工作的同时，也是在为自己工作——你不仅为自己赚到养家糊口的薪水，还为自己积累了工作经验，工作带给你的东西远远超过薪水以外。从某种意义上来说，工作真正是为了自己。

我们常常讲工作要勤奋、要努力。勤奋是一种习惯，努力是一种状态。尽管一开始勤奋努力并不能为你带来可观的收益，但是可以肯定的是，那些懒懒散散不认真工作的人，是无法取得真正的成就的。一旦散漫、马虎的做事态度深入其潜意识时，做任何事都会随意而为，其结果自然可想而知。

贝恩做了一辈子木匠，并且以其敬业和勤奋而深得老板的信任。年老力衰时，贝恩对老板说，自己想退休回家与妻子儿女享受天伦之乐。老板十分舍不得他，再三挽留，但是他去意已决，不为所动。于是老板只好答应他的请辞，但希望他能再帮助自己盖一座房子。贝恩自然无法推辞。

贝恩已归心似箭，心思全不在工作上了。用料也不那么严格，做出的活也全无往日的水准。老板看在眼里，但却什么也没说。等到房子盖好后，老板将钥匙交给了贝恩。

“这是你的房子，”老板说，“我送给你的礼物。”

这时，做了一辈子木匠的老贝恩愣住了，悔恨和羞愧溢于言表。一生盖了那么多华亭豪宅，最后却为自己建了这样一座粗制滥造的房子。

这也许不过是一个故事，但是生动地说明了，你所做的努力并不完全是为了老板，你归根到底是为自己而工作。

贝恩没有保持晚节，而许多年轻人却是一踏入社会就缺乏责任心，以善于投机取巧为荣；老板一转身就懈怠下来，没有监督就没有工作；工作推诿塞责，划地自封；不思进取，反而以种种借口来遮掩自己缺乏责任心。懒散、消极、怀疑、抱怨……种种职业病如同瘟疫一样在企业、政府机关、学校中流行，付出多么大的努力都挥之不去。

“我不过是在为别人打工。”这句话中隐藏着的另外一层意思是：“如果我是老板，我会更加努力。”但是，事实却并非想象得那么简单。

勤奋和努力并不完全是由于物质的刺激，对金钱的刺激是一种本能的反应，是个人追求最浅的层次，更高层次的则是一种自动自发的精神，一种对事业更深层次的理解。

小蔡是一位颇有才华的年轻人，但是对待工作总是显得漫不经心。他经常对朋友这样说：“这又不是我的公司，我没有必要为老板拼命。如果是我自己的公司，我相信自己会像老板一样夜以继日地工作，甚至会比他做得更好。”

一年以后，他离开了原来的公司，自己独立创业，开办了一家事务所。“我会很用心地做好它，因为它是我自己的。”在给朋友的信中他这样写道。

朋友回信对他表示祝贺，同时也提醒他注意，对未来可能遭遇的挫折一定要有足够的思想准备。

半年以后，朋友又一次得到了小蔡的消息，他告诉朋友，自己一个月前关闭了公司，重新去为别人工作，因为“太麻烦，太复杂，根本不适合自己的个性”。

而这种结果完全在朋友的意料之中。

一开始，许多年轻人都会抱着满腔热情，全身心投入其中，但是一遭遇困境，就缺乏足够的耐心坚持下去。外在的物质利益只能起短时间的刺激作用，我们必须养成持之以恒和努力的良好习惯。

创业是一种激情，但是如果抱着“如果自己当老板，我会更努力”的想法就会变成一种不良的情绪。有些人的态度十分明确：“我是不可能永远打工的。打工只是过程，当老板才是目的。我每干一份工作都是在为自己获得经验和开阔眼界。等到机会成熟，我会毫不犹豫地自己去干。”

一个人的品性是多年行为习惯的结果。行为重复多次以后就会变得不由自主，变成无意识地、反复地以同样的行为去做事情，到后来不这样做已经不可能了，人的品性就是这样形成的。因此，一个人的品性受到思维习惯和成长经历的影响，他在人生中可以做出不同的努力，最终决定了其未来个性的好坏。

因此，“如果自己当老板，我会更努力”的论调只是自欺欺人，是为自己现在的懒散和不负责任寻找借口罢了。

命运掌握在勤奋工作的人手中

借口是可以克服的。只有勤奋努力地工作才能让你找到成就感。公司的管理者总是把勤奋刻苦、绝对服从作为对员工的最好教育。的确，在一个公司里，并不是具有杰出才能的人就容易得到提升，只有那些勤奋刻苦、绝对服从并有良好技能的人才有更多的机会。

在工作中，许多人都会有很好的想法，但只有那些在艰苦探索的过程中付出辛勤工作的人，才有可能取得令人瞩目的成果。同样，公司的正常运转需要每一位员工付出努力，勤奋刻苦在这个时候显得尤其重要，而你的勤奋的态度会为你的发展铺平道路。

勤奋刻苦是一所高贵的学校，所有想有所成就的人都必须进入其中，在那里可以学到有用的知识，独立的精神和坚韧的习惯也会得到培养。其实，勤劳本身就是财富，如果你是一个勤劳、肯干、刻苦的员工，就能像蜜蜂一样，采的花越多，酿的蜜也越多，你享受到的甜美也越多。

命运掌握在勤勤恳恳工作的人手上，所谓的成功正是这些人的智慧和勤劳的结果。即使你的智力比别人稍微差一些，你的实干也会在日积月累中弥补这个弱势。

实干并且坚持下去是对勤奋刻苦的最好注解。要做一个好的员工，你就要像那些石匠一样，他们一次次地挥舞铁锤，试图把石头劈开。也许100次的努力和辛勤捶打都不会有什么明显的结果，但最后的一击石头终会裂开的。成功的那一刻，正是你前面不停刻苦的结果。而有些人遇到困难不知道努力解决，而只是想到找借口推卸责任，这样的人很难成为优秀的员工。

休斯·查姆斯在担任“国家收银机公司”销售经理期间曾面临着一种最为尴尬的情况：该公司的财政发生了困难。这件事被在外头负责推销的销售人员知道了，并因此失去了工作的热忱，销售量开始下跌。到后来，情况更为严重，销售部门不得不召集全体销售员开一次大会，全美各地的销售员皆被召去参加这次会议。查姆斯先生主持了这次会议。

首先，他请手下最优秀的几位销售员站起来，要他们说明销售量为何会下跌。这些被唤到名字的销售员一一站起来以后，每个人都有一段最令人震惊的悲惨故事要向大家倾诉：商业不景气、资金缺少、人们都希望等到总统大选揭晓以后再买东西等等。

当第五个销售员开始列举使他无法完成销售配额的种种困难时，查姆斯先生突然跳到一张桌子上，高举双手，要求大家肃静。然后，他说道：“停止，我命令大会暂停10分钟，让我把我的皮鞋擦亮。”

然后，他命令坐在附近的一名黑人小工友把他的擦鞋工具箱拿来，并要求这名工友把他的皮鞋擦亮，而他就站在桌子上不动。

在场的销售员都惊呆了。他们中有些人以为查姆斯先生发疯了，人们开始窃窃私语。在这时，那位黑人小工友先擦亮他的第一只鞋子，然后又擦另一只鞋子，他不慌不忙地擦着，表现出第一流的擦鞋技巧。

皮鞋擦亮之后，查姆斯先生给了小工友一毛钱，然后发表他的演说。

他说："我希望你们每个人，好好看看这个小工友。他拥有在我们整个工厂及办公室内擦鞋的特权。他的前任是位白人小男孩，年纪比他大得多。尽管公司每周补贴他5元的薪水，而且工厂里有数千名员工，但他仍然无法从这个公司赚取足以维持他生活的费用。

"这位黑人小男孩不仅可以赚到相当不错的收入，既不需要公司补贴薪水，每周还可以存下一点钱来，而他和他的前任的工作环境完全相同，也在同一家工厂内，工作的对象也完全相同。

"现在我问你们一个问题，那个白人小男孩拉不到更多的生意，是谁的错？是他的错还是顾客的错？"那些推销员不约而同地大声说："当然了，是那个小男孩的错。"

"正是如此。"查姆斯回答说，"现在我要告诉你们，你们现在推销收银机和一年前的情况完全相同：同样的地区、同样的对象以及同样的商业条件。但是，你们的销售成绩却比不上一年前。这是谁的错？是你们的错，还是顾客的错？"

同样又传来如雷般的回答："当然，是我们的错。"

"我很高兴，你们能坦率承认自己的错。"查姆斯继续说，"我现在要告诉你们，你们的错误在于，你们听到了有关本公司财务发生困难的谣言，这影响了你们的工作热忱，因此，你们就不像以前那般努力了。只要你们回到自己的销售地区，并保证在以后30天内，每人卖出5台收银机，那么，本公司就不会再发生什么财务危机了。你们愿意这样做吗？"

大家都说"愿意"，后来果然办到了。那些他们曾强调的种种借口，商业不景气、资金缺少、人们都希望等到总统大选揭晓以后再买东西等等，仿佛根本不存在似的，统统消失了。

这个例子告诉我们，借口是可以克服的。只有勤奋工作、服从上级安排才能让你找到成就感。

为了达到更好、更大的工作成就，加薪也好，提升也好，你必须不断地奋斗，而勤奋刻苦地训练专业技能尤其必要。如果你是有志于工作的人，每天都应该把这个问题在自己的心中问上几遍："我勤奋吗？"勤奋敬业的精神是走向成功的坚实的基础，它更像一个助推器，把你自己推到上司面前。如果有一天你得到了升迁，你应该自豪地对自己说："这都是我刻苦努力的结果。"

与之相反，懒惰是成功的天敌。你可以问自己：我能不能够靠自己生存下去？认真地问自己，不要给自己放宽条件。如果现在觉得你还做不到，那么你必须不懈努力，勤奋刻苦，用自己的实干达到这样的目标。一旦你觉得要靠自己活下去，那么你就是一个有价值的人，但办法只有一个，就是勤奋。

农业是一个很平凡的工作，但在罗马，人们却非常尊敬这一行当，那些凯旋的士兵和将军都要去务农。这个国度推崇勤劳的品质，罗马人把勤奋和功绩作为他们的箴言，甚至连古罗马皇帝临终前留下来的遗言竟然都是"让我们勤奋工作"！

成功需要刻苦的工作。作为一名普通的员工，你更要相信，勤奋是检验成功的试金石，命运掌握在勤奋工作的人手中。即使你天资一般，只要勤奋工作，懂得服从，就能弥补自身的缺陷，终究能成为一名成功者。

工作中没有“不值得”

别轻视自己所做的每一件事，不要以“不值得”为借口来搪塞。即便是最普通的事，也应该全力以赴，尽职尽责地去完成。每一件事都值得我们去做，而且是用心地去做。

莫奈画过这样一幅画，描绘的是女修道院厨房里的情景。几个正在工作的天使，一个正在架水壶烧水，一个正提起水桶，另外一个穿着厨衣，伸手去拿盘子——即使日常生活中再平凡不过的事，也值得天使们全神贯注地去做。

行为本身并不能说明自身的性质，关键在于我们行动时的精神状态。工作是否单调乏味，往往取决于我们工作时的心境。

人生目标贯穿于整个生命，你在工作中所持的态度，使你与周围的人区别开来。它们或者使你的思想更开阔，或者使其更狭隘，或者使你的工作变得更加高尚，或者变得更加低俗。

每个人所做的工作，都是由一件件小事构成的，但不能因此而对工作中的小事敷衍应付或轻视懈怠。记住，工作中无小事。所有的成功者，他们与我们都做着同样简单的小事，唯一的区别就是，他们从不认为他们所做的事是简单的小事。

士兵每天所做的工作就是队列训练、战术操练、巡逻、擦拭枪械等小事；饭店的服务员每天的工作就是对顾客微笑、回答顾客的提问、打扫房间、整理床单等小事；你每天所做的可能就是接听电话、整理报表、绘制图纸之类的小事。你是否对此感到厌倦、毫无意义而提不起精神？你是否因此而敷衍应付，心里有了懈怠？这不能成为你的借口。请记住：这就是你的工作，而工作中无小事。要想把每一件事做到完美，就必须付出你的热情和努力。

美国标准石油公司曾经有一位小职员叫阿基勃特。他在出差住旅馆的时候，总是在自己签名的下方，写上“每桶4美元的标准石油”字样，在书信及收据上也不例外，签了名，就一定写上那几个字。他因此被同事叫作“每桶4美元”，而他的真名倒没有人叫了。

公司董事长洛克菲勒知道这件事后说：“竟有职员如此努力宣扬公司的声誉，我要见见他。”于是邀请阿基勃特共进晚餐。

后来，洛克菲勒卸任，阿基勃特成了第二任董事长。

在签名的时候署上“每桶4美元的标准石油”，这算不算小事？严格说来，这件小事还不在阿基勃特的工作范围之内。但阿基勃特做了，并坚持把这件小事做到了极致。那些嘲笑他的人中，肯定有不少人才华、能力在他之上，可是最后，只有他成了董事长。

每一件事都值得我们去做。如果能把小任务顺利完成，才有完成大事情的可能。一步一个脚印地向上攀登，便不会轻易跌落。这也是通过工作获得真正的力量的秘诀。

在一般人的眼里，汉夫雷·戴维肯定算不上命运的宠儿。由于出身贫寒，他接受教育和获得科学知识的机会都很有限。然而，他是一个有着真正勤奋刻苦精神的小伙子。当他在药店工作时，他甚至把旧的平底锅、烧水壶和各种各样的瓶子都用来做实验，锲而不舍地追求着科学和真理。后来，他以电化学创始人的身份出任英国皇家学会的会长。

年轻的约翰·沃纳梅克每天都要徒步4公里到费城，在那里的一家书店里打工，每周的报酬是1美元25美分，但他勤奋刻苦的精神让人感动。后来，他又转到一家制衣店工作，每周多加了25美分的工资。从这样的一个起点开始，他勤奋刻苦地工作，不断地向上攀登，最终成为了美国最大的商人之一。1889年，他被哈里森总统任命为邮政总局局长。

即使你在最卑微、最琐碎的劳动中，只要你着手工作了，你的整个灵魂必将化为一种真实的和谐！疑虑、欲念、忧伤、懊悔、愤怒、失望等所有都将不存在，于是一切也就平和而安宁。

机会来源于苦干

如果做任何事情总是被动地等待机会，这是极其危险的。一切努力和希望都可能因等待机会而付诸东流，而机会最终也不可得。曾有哲人说过："许多人的生命之所以伟大，是因为他们承受了巨大的苦难。"杰出的才干往往是从苦难的烈焰中冶炼出来的，从苦难的坚石上磨砺来的。困难总会吓退一大批庸碌的竞争者。只有真正经历过艰苦工作的人才能得到命运的垂青。

著名投资专家约翰·坦普尔顿通过大量的观察研究，得出了一条很重要的原理——"多一盎司定律"。他指出，取得中等成就的人与取得突出成就的人几乎做了同样多的工作，他们所做出的努力差别很小——只是"多一盎司"。但其结果，所取得的成就及成就的实质内容方面，却经常有天壤之别。

约翰·坦普尔顿把这一定律也运用于他在耶鲁的经历。坦普尔顿决心使自己的作业不是95%而是99%的正确。结果呢？他在大学三年级就进入了美国大学生联谊会，被选为耶鲁分会的主席，并得到了罗兹奖学金。

在商业领域，坦普尔顿把多一盎司定律进一步引申。他逐渐认识到只多那么一点儿就会得到更好的结果。那些更加努力的人就会得到更好的成绩，那些在一品脱的基础上多加了17盎司而不是16盎司的人，得到的份额远大于一盎司应得的份额。

“多一盎司定律”可以运用到所有的领域。实际上，它是使你走向成功的普遍规律。

例如，把它运用到高中足球队，你就会发现，那些多做了一点努力、多练习了一点的小伙子成为了球星，他们为赢得比赛起到了关键性的作用。他们得到了球迷的支持和教练的青睐。而所有这些只是因为他们比队友多做了那么一点。

在商业界，在艺术界，在体育界，在所有的领域，那些最知名的、最出类拔萃者与其他人的区别在哪里呢？回答是就多那么一点儿。“多加一盎司”——谁能使自己多加一盎司，谁就能得到千倍的回报。

世界上有许多不幸的可怜虫，当机会向他们叩门时，他们却视而不见，充耳不闻，因为他们正躺在床上睡大觉呢。

世界上有许多贫穷的孩子，他们虽然出身卑微，却能干出伟大的事业来。富尔顿发明了一个小小的推进机，结果成为美国最著名的工程师；法拉第仅仅凭借药房里的几瓶药品，成了英国有名的化学家；惠德尼靠着小店里的几件工具，竟然成了纺织机的发明者；贝尔用最简单的器械发明了对人类文明最有价值的贡献——电话。

苦难与挫折并不总是我们的仇人，某种意义上，它们带给我们恩惠。因为我们每个人都有逆反的心理，这种逆反心理可以在人体内发展成为巨大的反抗力量。而苦难与挫折的出现，能激发我们的逆反心理，产生克服障碍、战胜困难的巨大力量。这就好像森林里的橡树，经过千百次风吹雨打，不但没有被折毁，反而愈见挺拔。苦难正是暴风雨，它使我们遭受痛苦，同时也启发我们的才能，使我们得到锻炼。

塞万提斯在马德里黑暗潮湿的监狱里写成了举世闻名的《堂·吉

诃德》。那时的他穷困潦倒，甚至无力购买稿纸，只能把小块的皮革当作纸来写。有人劝一位西班牙富翁来资助他，可富翁说道："上帝禁止我去救济他，因为他的贫穷会给世界带来富有。"

监狱往往能燃起高贵人心里潜伏的火焰。《鲁滨逊漂流记》《圣游记》《世界历史》都是在牢狱中完成的。

在华脱堡堡垒的监狱里，马丁·路德把圣经译成了德文；在被放逐的20年中，他仍孜孜不倦地工作。约瑟也是在尝尽地坑和暗牢的痛苦之后终于成为了埃及的宰相。

犹太人有史以来就一再受到异族的压迫，可正是这个苦难的民族贡献了世界上最可贵的诗歌、最明智的箴言、最动听的音乐。似乎对于犹太人而言，正是压迫造就了他们的繁荣。直到现在犹太人仍然很富有，不少国家的经济命脉掌握在犹太人手中。对于他们，正是因为隆冬的严寒杀尽了地下的害虫，快乐的种子才繁茂地长成参天大树。

两耳失聪、穷困潦倒之时的贝多芬，创作了他人生最伟大的乐章；病魔缠身十五年的席勒在病中完成了他最好的著作；双目失明、贫困交加之时的密尔顿写出了最著名的文章。因此，为了得到更大的成就与幸福，班扬甚至说："如果可能的话，我祈祷更多的苦难降临到我的头上。"

失败者的借口通常是"我没有机会"。他们将失败理由归结为没有人垂青他们，好职位总是让他人捷足先登。而那些意志力坚强的人则绝不会找这样的借口，他们不等待机会，也不向亲友们哀求，而是靠自己的苦干努力去创造机会。他们深知唯有自己才能拯救自己。

在取得了一次战役胜利后，有人问亚历山大是否等待下一次机会，再去进攻另一座城市，亚历山大听后竟大发雷霆："机会？机会是靠我们自己创造出来的。"不断地创造机会，正是亚历山大成为历史上最伟大帝王的原因，也唯有不断创造机会的人，才能建立轰轰烈烈的丰功伟绩。

做任何事情总是等待机会是极其危险的。一切努力和希望都可能因等待机会而付诸东流，而机会最终也不可得。

现实生活中，到处充斥着大批失业的人群，给人的印象是社会经济对劳动力的需求不足。但事实上，却同时有许多空缺的职位保留着，在报纸上、人才市场上到处是“诚聘员工”的广告。不过，人们需要的是那些受过良好的职业训练和勤奋敬业的员工。

年轻人如果看了林肯的传记，了解他幼年时代的境遇和后来的成就，会有何感想呢？他住在一所极其简陋的茅舍里，没有窗户，也没有地板，用今天的居住标准看，他简直就是生活在荒郊野外。他的住所距离学校非常远，一些生活必需品都很缺乏，更谈不上有报纸、书籍可以阅读了。然而就是在这种情况下，他每天坚持不懈地走二三十里路去上学。为了能借几本参考书，他不惜步行一二百里路。到了晚上，他靠着燃烧木柴发出的微弱火光来阅读……林肯只受过一年的学校教育，成长于艰苦卓绝的环境中，但他竟能努力奋斗，一跃而成为美国历史上最伟大的总统，成了世界上最完美的模范人物。

伟大的成功永远属于那些富有奋斗精神的人，而不是那些一味等待机会的人。应该牢记，良好的机会完全在于自己的创造。如果认为个人发展机会掌握在他人手中，那么他一定会失败。机会包含于每个人的人格之中，正如未来的橡树包含在橡树的果实里一样。

如果在困境中，林肯说“我没有机会！”，这位生长在穷乡僻壤茅舍里的孩子，如何能入主白宫，成为美国总统？同时代有许多出生于良好家庭环境的孩子，他们有漂亮的学校、藏书丰富的图书馆，为什么成就反而不如一个茅舍里成长起来的苦孩子呢？不是有许多出生于贫民窟的孩子们成为议员，成为大银行家、大商人吗？那些大商店和大工厂，有许多就是由那些“没有机会”的孩子们靠着自己的努力而创立的。

“没有机会”，只是失败者的推诿之辞。

在工作中，有很多时候需要我们“多加一盎司”。多加一盎司，工作可能就大不一样。尽职尽责完成自己的工作的人，最多只能算是称职的员工。如果在自己的工作中再“多加一盎司”，你就可能成为优秀的员工。

“多加一盎司”在所有的工作中都会产生好的效果。如果你多加一盎司，你的士气就会高涨，你与同伴的合作就会取得非凡成绩。要取得突出成就，你必须比那些取得中等成就的人多努一把力，学会再加一盎司，你会得到意想不到的收获。

“多加一盎司”其实并不难，我们已经付出了99%的努力，已经完成了绝大部分的工作，再多增加“一盎司”又有什么困难呢？但是，我们往往缺少的却是“多一盎司”所需要的那一点点责任、一点点决心、一点点敬业的态度和自动自发的精神。

“多加一盎司”其实是一个简单的秘密。在工作中，有很多东西都是我们需要增加的那“一盎司”。大到对工作、公司的态度，小到你正在完成的工作，甚至是接听一个电话、整理一份报表，只要能“多加一盎司”，把它们做得更完美，你将会有数倍于一盎司的回报。

获得成功的秘密在于不遗余力——加上那一盎司。多一盎司的结果会使你最大限度地发挥你的天赋。从现在起，你也掌握了这个秘密，好好运用它吧！

“我已经竭尽全力了吗？或许我还有一盎司可加？”经常这样提问自己，将让你受益匪浅。

投机而取巧，取不了成功

生物学家说，飞蛾在由蛹变成茧时，翅膀萎缩，十分柔软。在破茧而出时，必须要经过一番痛苦的挣扎，身体中的体液才能流到翅膀上，翅膀才会变得充实有力，才能支持它在空中飞翔。

一天，有个人凑巧看到树上有一只茧开始活动，好像有蛾要破茧而出，他饶有兴趣地准备见识一下由蛹变蛾的过程。

但是，随着时间的一点点流逝，他变得不耐烦了。只见蛾在茧里奋力挣扎，将茧扭来扭去，但却一直不能挣脱茧的束缚，似乎是再也不可能破茧而出了。

最后，他的耐心终于耗尽，就用一把小剪刀，把茧上的丝剪了一个小洞，让蛾出来可以容易一些。果然，不一会儿，蛾就从茧里爬了出来，但是它的身体非常臃肿，翅膀也异常萎缩，耷拉在两边根本伸展不起来。

他等着观赏蛾飞起来，但那只蛾却只是跌跌撞撞地爬着，怎么也飞不起来。又过了一会儿，它就死了。

其实，靠投机取巧来获得成功是一种普遍的社会心态，而成功者的秘诀就在于他们能够超越这种心态。“不经历风雨，怎能见彩虹”“宝剑锋从磨砺出，梅花香自苦寒来”，所以说，任何投机取巧或想要走捷径妄图减少奋斗而达到目的的做法都是行不通的，那只飞不起来的飞蛾就证明了这一切。

很多人都曾经幻想过不劳而获，靠投机取巧而取得成功，但是最终的结果是什么呢？恐怕只有悔恨吧！而且，花了那么多的心思想要投机取巧、不劳而获，为什么不把那份辛勤、聪明用到实际工作和生活中呢？一勤天下无难事，与其费尽心思地投机取巧，不如把你的勤奋和才智充分发挥到实际工作中。随着时间的积累，你必定能走向成功！

有一个小伙子，天天研究怎么能发财。他见到熟人就问："什么最值钱？"人家告诉他："当然是黄金了。"他恍然大悟地说："这些年只研究怎么种地了，原来是犯了方向性错误啊。"于是，他开始研究怎么找黄金，怎么淘金和炼金。半年过去了，他媳妇不干了，说："你天天捧着书煞费苦心地研究，没有一丁点收入，孩子的学费和我们的吃饭问题，到底怎么解决啊？"

转眼间，又过去一年，家里该卖的都卖光了。他媳妇有一次回娘家抱怨说："爹，我这日子可过不了啦！他天天研究如何找黄金，也不种地了。家里已经没吃没喝了，我要跟他离婚！"他爹说："没事！你回家告诉他，老爹有家传的炼金秘诀，你叫他来一趟，我传给他就是了。"

姑爷火急火燎地赶来了。老丈人吩咐姑娘给烫上一壶酒，与姑爷边喝边聊，慢条斯理地说："像你这种琢磨法，一辈子都炼不出黄金。我告诉你，回家以后先收集三斤香蕉树叶背面的细绒毛。记好了，这香蕉树必须得是你亲手种下的才行。这一切都准备妥当，我才能传给你炼金的秘诀。"

姑爷很高兴地答应了，回家以后果真开始种香蕉树。他心里那个急呀！心想就凭家里这几亩地，得猴年马月才能收齐三斤绒毛啊。不行！他把家周围的荒地也都开垦出来种上了香蕉树，天天浇水施肥。好不容易盼来了秋天，媳妇孩子大把大把地摘香蕉。而他呢，只负责一件事，就是扫绒毛。

三年后，他把三斤绒毛送到岳父家。岳父对他说："明早九点钟你过来，我正式传授你炼金秘诀。"第二天，他准时赶到。老丈人对姑爷说："你去把靠墙的那个柜门打开吧。"他往里面伸头一看，满满一柜子金元宝啊。他高兴极了："哎呀，你炼了这么多黄金呀！"老丈人说："我从来都没有炼过黄金，柜子里的这些黄金都是你炼的。"姑爷有点糊涂了，说："我还没有得到你的炼金秘诀呢，怎么就会有这么多黄金呢？"老丈人这时告诉他："你不是种了很多香蕉树吗，每年采集下来的香蕉，都是我帮着卖掉的。然后，我把那些钱都换成黄金给你存放在这里。这些是你三年积攒下来的，你现在知道怎么炼黄金了吧？"这时，他才明白岳父的一片苦心。

永远不要投机取巧，只有勤劳才能炼出黄金。而现在的年轻人，往往忽视了这个至真的法则，他们都是在优越的环境下成长起来的，他们希望一切都一帆风顺，但是却不愿意付出辛劳，总是幻想着空手炼黄金。要知道，坐等机遇和成功的来临，就好像等着月光变成银子一样渺茫。

任何一个人的成功，任何一个人梦想的实现，绝不是从安逸、享受、懒惰、投机中得来的，而是从不断的努力与勤奋中获得的。人生来就是要工作的，勤奋工作不仅仅是对这个社会的奉献，也是取得成功的最佳方式。只有工作才能让人变得更有价值，只有实现价值才能生活充实，才能有成功的喜悦。

将工作当成人生的乐趣

即使你的处境再不如人意，也不应该厌恶自己的工作，世界上再也找不出比这更糟糕的事情了。如果环境迫使你不得不做一些令人乏味的工作，你也应该想方设法使之充满乐趣。用这种积极的态度投入工作，无论做什么，都很容易取得良好的效果。

人可以通过工作来学习，可以通过工作来获取经验、知识和信心。你对工作投入的热情越多，决心越大，工作效率就越高。当你抱有这样的热情时，上班就不再是一件苦差事，工作就变成一种乐趣，就会有许多人愿意聘请你来做你所喜欢的事。工作是为了自己更快乐！如果你每天工作八小时，相当于是在快乐地游泳，这是一个多么合算的事情啊！

工作是上天赋予的使命。把自己喜欢的并且乐在其中的事情当成使命来做，就能发掘出自己特有的能力。其中最重要的是能保持一种积极的心态，即使是辛苦枯燥的工作，也能从中感受到价值，在你完成使命的同时，会发现成功之芽正在萌发。

如果年轻的作家想早日写出成功的作品，以为仅仅想着“我要写一本畅销小说”就能实现心愿，那简直就是天方夜谭！如果不只是“我要写一本畅销小说”，而是抱着“写一部伟大作品是上天赋予我的使命”的念头，才能写出真正优秀的作品。这是为什么呢？

因为如果这样想的话，写作这件事就会变成一件愉快的事情了。

当你在乐趣中工作，如愿以偿的时候，就该爱你所选，不轻言变动。如果你开始觉得压力越来越大，情绪越来越紧张，在工作中感受不到乐趣，没有喜悦的满足感，就说明有些事情不对劲了。如果我们不从心理上调整自己，即使换一万份工作，也不会有所改观。

如果一个人轻视他自己的工作，而且做得很粗陋，那么他绝不会尊敬自己。如果一个人认为他的工作辛苦、烦闷，那么他的工作绝不会做好，这一工作也无法发挥他内在的特长。在社会上，有许多人不尊重自己的工作，不把自己的工作看成是创造事业的要素和发展人格的工具，而视为衣食住行的供给者，认为工作是生活的代价，是不可避免的劳碌，这是多么错误的观念啊！常常抱怨工作的人，终其一生，绝不会有真正的成功。抱怨和推诿，其实是懦弱的自白。如果一个人鄙视、厌恶自己的工作，那么他必遭失败。引导成功者的磁石，不是对工作的鄙视与厌恶，而是真挚、乐观的精神和百折不挠的毅力。

有这样一位清洁工，他总是边打扫卫生边唱歌，看着他满脸的幸福，一位过路者问道：“你每天都这么快乐吗？从你的脸上，我看到了你生活中的幸福。可让我不解的是，在众多职业中你做的工作是处于最低层的，如果我是你，肯定找一个地方躲起来，晚上再出来打扫。”清洁工脸上的笑容更加灿烂了，他对过路者说：“这份工作虽然是众多职业中最低层的，可是它给我带来了一日三餐，让我有了一个温暖的家。所以我对这份工作充满了感激之情，不管这份工作是不是众多职业中最低层的，我依然尊重它、感谢它、热爱它。”

不管你的工作是怎样的卑微，都当付之以艺术家的精神和十二分的热忱。这样，你就可以从平庸卑微的境况中解脱出来，不再有劳碌辛苦的感觉，厌恶的感觉也自然会烟消云散。

我们常常听到一些刚刚毕业的大学生抱怨自己所学的专业，那么这就要扪心自问：如果自己所学的专业与个人的志趣南辕北辙，那么，当初为什么会选择它呢？如果已经为自己的专业付出了四年的时光甚至更多，这说明对自己的专业虽然谈不上热爱，但至少可以忍受。

所有的抱怨不过是逃避责任的借口，无论对自己还是社会都是不负责任的。想一下亨利·凯撒——一个真正成功的人，不仅因为冠以其名字的公司拥有10亿美元以上的资产，更由于他的慷慨和仁慈，使许多哑巴会说话，使许多跛子过上了正常人的生活，使穷人以低廉的费用得到了医疗保障……所有这一切都是由凯撒的母亲在他的心田里所播下的种子生长出来的。

玛丽·凯撒给了她的儿子亨利无价的礼物——教他如何应用人生最伟大的价值。玛丽在工作一天之后，总要花一段时间做义务保姆工作，帮助不幸的人们。她常常对儿子说："亨利，不工作就不可能完成任何事情。我没有什么可留给你的，只有一份无价的礼物：工作的欢乐。"

凯撒说："我的母亲最先教给我对人的热爱和为他人服务的重要性。她常常说，热爱人和为人服务是人生中最有价值的事。"

如果你掌握了这样一条积极的法则，如果你将个人兴趣和自己的工作结合在一起，那么，你的工作将不会显得辛苦和单调。兴趣会使你的整个身体充满活力，使你在睡眠时间不到平时的一半、工作量增加两三倍的情况下，也不会觉得疲劳。

我们身边不乏这样的员工，他们在知名企业工作，拥有渊博的知识，受过专业的训练，他们朝九晚五穿行在写字楼里，拿一份不菲的薪水，但是他们并不快乐。他们是一群孤独的人，不喜欢与人交流，不喜欢星期一；他们视工作如紧箍咒，仅仅是为了生存而不得不出来工作；他们精神紧张、未老先衰，常常患胃溃疡和神经官能症，他们的健康真是令人担忧。

他们并不懂得工作不仅是为了满足生存的需要，同时也是实现个人人生价值的需要，一个人总不能无所事事地终其一生，应该试着将自己的爱好与所从事的工作结合起来，无论做什么，都要乐在其中，而且要真心热爱自己所做的事。

成功者乐于工作，并且能将这份喜悦传递给他人，使大家不由自主地接近他们，乐于与他们相处或共事。人生最有意义的就是工作，与同事相处是一种缘分，与顾客、生意伙伴见面是一种乐趣。

罗斯·金说：“只有通过工作，才能保证精神的健康；在工作中进行思考，工作才是件快乐的事。两者密不可分。”

用心工作，努力经营你的事业

我们一直在纠正一个传统的错误工作观，即工作不是为了别人，它首先是为了自己。工作不仅仅是我们谋生的手段，更应该是我们用毕生精力、用全部身心去经营的事业！工作需要勤奋与努力，需要热情和积极，需要发自肺腑的对工作的真爱。

大学毕业后的一年多里，艾小凌的许多同学还在为找什么样的工作而纠结，即使有工作的几个同学也是天天抱怨，要么说老板压榨自己，要么就叫嚣着要跳槽，看他们诉说时那抱怨的表情似乎每一天的工作都是在苦苦挣扎似的。而艾小凌已经顺利地完成了由求职者、打工仔到白领的过渡。有同学想得知其中的奥妙，她却回答："其实只不过是我比别人多花了一些心思在工作上而已。如果非要说有什么奥秘的话，那就是——提前半个小时。"

身为某公司高管的父亲经常对她说："不管是学习、生活还是工作，凡事都要用心去做，不妨提前半个小时，多花一点心思，一定可以做得更好。"父亲的教育对她影响很大，她把父亲的话牢牢地记在了心上。

一次某知名企业登报征聘办公室文员，广告才登出去了两天，应聘的简历就如雪片一般飞来。经过初步筛选，那家公司共发出了15

份面试的通知书函。要去公司应聘的那一天，她便按照父亲所说的，提前了半个小时到达公司。这个时候公司的工作人员都还没有开始上班呢，她就在公司门口等。虽然不知道公司担任面试的主管是谁，但是她想自己可以在面试之前和陆续到公司上班的人员亲切地打一声招呼，这样的话可以让他们建立起对自己的好印象。结果，经过那天的面试她果然被录用了。人们都说她很幸运，因为凭她的条件和能力，在那些应聘者中只能算是中下，根本没有多少几率被录用。

不管是在实习期，还是正式入职以后，她总是天天提前半小时就到公司。每次当她走到公共汽车站时，等车的人都不是很多，上到车上，也总是有许多空位，而且，由于还没有到上班高峰期，路上的交通也没出现堵塞。这要比平时搭公车感觉舒服多了。她坐在公车上时，会把一天的工作计划列出来，理清头绪。进到办公室后，她就做好一切准备工作。当同事们匆匆忙忙地进来打卡、手忙脚乱地打开电脑、拉开抽屉时，她已经开始工作了，接下来的工作是有条不紊的，几乎每天不到下班时间，她的工作就提前完成了。

有一天，总经理因为要和客户进行业务谈判，比平时来得早，而他的秘书又还没有到，艾小凌便主动上去问总经理需要什么帮助，并且替总经理冲了一杯咖啡，加了两块糖和一汤匙奶油。总经理不禁感到很奇怪，问她："你怎么知道我喜欢喝咖啡？还喜欢在里面放糖和奶油？"

艾小凌很开心地笑了一下，说："我在接到公司的面试通知以后，就从网上查阅了公司的有关资料。上班以后，我还花了很多的心思去观察，记录下了公司领导的工作态度和工作流程，平时的爱好与习惯。比如，我还知道你到了下午就会换掉咖啡，喜欢喝碧螺春；下班的时候如果情绪不好或感觉比较累的话，应该给您递上一杯凉白开，还有一条冰过的毛巾……”听艾小凌说到这儿，总经理笑了，说：“你不仅工作做得好，平时观察得也很细致，还真是用心啊！”

艾小凌进入公司一年后的一天，总经理的秘书突然生病住院，而工作必须立刻有人接手，争取这个位置的人很多，老员工、有关系的、一些能力出众的年轻人都想在总经理身边，但是总经理的执拗脾气、工作要求和工作习惯，可不是随便哪个人都能适应的。没想到，人事命令发布，最终选中的是没有任何关系的艾小凌，真是羡煞了众人。

担任总经理秘书后，艾小凌依然每天提前半个小时到公司。有一天，公司请来的台湾咨询公司顾问老师本来中午才到，可是他临时改变了行程，早晨就来到了公司。此时公司接待人员还没有上班，艾小凌了解到老师昨晚为了赶行程，没有休息好，于是赶紧与总经理联系，接着按照惯例给老师联系好了宾馆，招待老师吃完早餐，使老师上午好好休息了几个小时，下午上课时精力充沛。

后来公司按照咨询老师对公司提出的整改计划，对部门进行重新调配，对人员进行调整和安排，老师向总经理建议由艾小凌担任业务部经理。

就这样，艾小凌成了公司提升得最快的职员，只因别人还在路上浑浑噩噩的时候，她就已经非常用心地做好了准备，抓住了每一个机会。的确，只要用心经营，工作一定会取得骄人的成绩，事业一定会步步攀升！

事业的成功是一个长期积累的过程，是通过平时的用心一步步经营出来的。工作是一个包涵了热情、智慧、信仰、想象和创造力等诸多内容的词汇。一个用心工作的人，他们总是在工作中愿意、能够付出双倍甚至更多的热情、智慧、信仰、想象和创造力等，这就是在经营自己一生的事业。

世界上最伟大的推销员乔·吉拉德曾经也说过："如果一个人能够把工作当成事业来做，那么他就成功了一半。"德国思想家马克思·韦伯认为，有的人之所以愿意为工作献身，是因为他们有了一种"天职感"，他们相信自己所从事的工作是神圣事业的一部分，即使是再平凡的工作，也会从中获得某种人生价值。

那些用心工作、富有事业感的人，他们通过工作所获得的，不仅是物质、荣誉等外在的报酬，更重要的是他们获得了内心的满足感和自我价值的实现。他们在工作中努力追求一个完美的境界，发现自己生存的意义。而那些不懂得用心工作的人，总是消极被动、拖沓推诿，在工作中只会选择逃避、指责和抱怨，注定一事无成。

明白了这个道理，并以这样的眼光来重新审视我们的工作，把工作当成事业来做，那么，你就会对工作充满激情，不再把工作当成一种负担，即使是最平凡的工作你也会觉得意义非凡。作家拉尔夫·爱默生说："激情像糨糊一样，可以让你在艰难困苦的场合里紧紧地把自己黏在这里，坚持到底。它是在别人说你'不行'时，能在内心里发出'我行'的有力声音。"有了这种态度，你就会以虔诚之心对待自己的工作，你就会变得比别人更容易成功。

艾琳娜是一个非常有才能的女人，尽管才35岁，但她已稳坐销售部总监的位子达五年之久。面对驾轻就熟的工作，她渐渐地放松了神经，失去了刚参加工作时的热情、专心与勤奋，部门业绩连续几个月下滑，一些散客户纷纷撤资。有个新来的下属提出了个建议，可是艾琳娜很是不以为然，依然我行我素。自己经手了多少百万的大订单，新来的一个刚毕业的毛孩子知道什么。

一天，即将因升职而卸任的总经理突然在销售部宣布了一个惊人的决定：由于那个新来的下属表现出色，公司决定给三个月的时间让艾琳娜和那个下属共同竞争销售总监这个位置，谁的企划好、业绩高，公司就将选择谁做这个销售总监。

艾琳娜开始是感到难以置信、愤愤不平，直到发现那个下属已经快速行动起来。职场不相信眼泪，艾琳娜如梦初醒，投入了前所未有的精力在这场竞争当中。三个月过去了，艾琳娜惊喜地发现，自己这三个月创造的业绩竟然是平时的两倍。与此同时，其他部门的员工也都倍感压力，业绩纷纷飙升，公司状况大为改观。

出人意料的是，宣布竞聘结果那天，经理代表公司把部门主管的位子授予了业绩比艾琳娜稍逊一些的下属。正当同事为艾琳娜打抱不平之际，经理微笑着说："这次考核，艾琳娜的业绩要比新来的可妮莉雅好，为什么还是可妮莉雅当上了销售总监呢？那是因为，公司决定，让潜力出众的艾琳娜出任总经理的职位。"

其实，在生活中我们应该感谢我们的对手，有对手才会有竞争，有竞争才会有发展。竞争能激发人的潜能和创造精神，它使我们集中精神、全力以赴地迎向挑战。对手就像一面镜子，映照出自身的美好与不足，我们要学会欣赏对手并从对手身上学习到某些自己所不具备的东西。

从这个本质的方面说，工作不是我们为了谋生才去做的事，而是我们用生命、用全部身心去做的事！只有把工作当成事业，你的人生旅途才会越走越辉煌。

第四章

责任至上，卓越员工的生存法则

牢记责任，抛弃借口

在很多公司，我们常常能够听到以下熟悉的话语：

“现在是午休时间，你3点以后再打来吧。”

“那不是我的工作。”

“我现在很忙。”

“那是杰克的工作。”

“我不知道该如何帮你。”

“这件事我们现在办不了。”

“你还可以多补充一些，好吗？”

……

有一次，一位老人到一家百货商店去购买一件东西。当他走到一个自己要找的柜台，店员却随意把他带到了别的地方。在这位老人找到那件东西之前，他被一些不负责任的店员带到了商店的四个柜台。那些柜员以各种借口拒绝为老人服务，老人心想：真的应该给他们上一堂关于责任的培训课，让他们牢记责任，抛弃借口！

当然，在这些司空见惯的话语和令人困惑的事情之外，也有与之相反的事例。

孙小姐在一家大公司办公室从事打字工作。一天，同事们出去吃饭了，这时，一个董事经过他们部门时停了下来，想找一些信件。这并不是孙小姐分内的工作，但是她依然回答道："对此信我一无所知，但是，赵先生，让我来帮助您处理这件事情吧！我会尽快找到这封信并将它放在你的办公室里。"当她将他所需要的东西放在他面前时，董事显得格外高兴。

故事到这里并没有结束。四个星期后，她被提升到了一个更重要的部门工作，并且薪水提高了30%。猜猜是谁推荐她的？就是那位董事。在一次公司管理会上，有一个更高职位的工作空缺，他推荐了她。

世界上很少有报酬丰厚却不需要承担任何责任的便宜事。想要一时不负责任当然有可能，但要免除世间所有责任可得付出巨大的代价。当责任从前门进来，你却自后门溜走，你失去的可是伴随责任而来的机会！对大部分的职位而言，报酬和所承担的责任有直接的关系。

主动要求承担更多的责任或自动承担责任是成功者必备的素质。大多数情况下，即使你没有被正式告知要对某事负责，你也应该努力做好它，而不是以种种借口推辞、拖延。如果你能表现出胜任某种工作的能力，那么责任和报酬就会接踵而至。

有两种人永远无法超越别人：一种人是只做别人交代的工作，另一种人是做不好别人交代的事。哪一种情况更令人丧气，实在很难说。总之，他们会成为第一批被裁员的人，或是在同一个单调卑微的工作岗位上耗费终生的精力。

用上面所说的任何一种方式做事，你或许可以躲过一时，却永无成功之日。在前工业时代，虽然听命行事的能力相当重要，个人的主动进取更受重视。决定哪些该做，就应该立刻采取行动，不必等到别人交代。清楚了解公司的发展规划和你的工作职责，就能预知该做些什么，然后一一着手去做！

还有一类人，只有当他们被贫穷压迫得没有出路时，才会去做事。这类人只会遭到漠视，收入当然十分微薄。这些人一生中大部分时间都在盼望幸运之神会降临到自己身上。更次等的人，只在被人从后面踢时，才会去做他应该做的事，这种人大半辈子都在辛苦工作，却不停地抱怨运气不佳。

然而，还有比上述几类人更严重的。这类人即使别人走到他们面前向他们示范并且停下来督促他们做，他们也仍然会有各种各样的借口来搪塞，而不是用心地做事。他们总是失业，得到他们应得的藐视。在这种情况下，命运之神会耐心地在拥挤人群的一隅等待着他们。

大家都有一套推托责任的办法。大家都不愿面对现实，更不愿背负自己的担子。这种态度对于我们所追寻的理想，所期望的目标，经营过程中的那番苦心，都是一种很大的打击。

天下有很多伟人。与伟人相比，也有很多人只能称得上是凡人，一天天活下去，不管是好是坏。他们的名字如同秋叶，随风飘去，不留踪迹。

难道我们就无所作为了吗？除了尽职，一切本于善意，在我们小小的责任和关注之下，尽量发挥自己的力量。

是的，我们能做的，仅此而已。假使能做到这一步，也已经够了。我们不需要把整个世界的重任压在肩头或心头。只要我们耕耘一小块土地，负责一小部分任务，影响及于一个小小的圈子，整个世界就会完美许多。假使我们英勇坚毅，竭尽心力去做，那就够了。即使天使，能做到的也不过如此而已。

因为如果我们每一个人每天能老老实实、诚诚恳恳地尽一己之天职，那么许多人的成就累积起来，便极为可观！有了众人的努力，就像千万片雪花可以滚成一个大雪球一样，就能在世界上汇成一种无比的力量了。

有人说，我只抵得上一个人用，力量有限，算不了什么，所以就不必做什么了。这种想法是愚蠢的，是在为自己寻找卑微的借口。假使一个战士说，我只一个人，单枪匹马，所以我可以不管，那就跑去看戏吧，那么这场仗就注定要打输。我们都想做些惊天动地的大事业，以引起众人的注意。可是最难能可贵的，仍在于始终不眠不休，做人家所不注意、他人也少去做的事。在暗室中，继续保持忠贞善良的人们，才堪称伟大。也只有这种甘于默默无闻的忠贞之气质，才能与历史同垂不朽。

否则的话，虽有伟大的领袖也是枉然。所以美国诗人惠特曼说，如果我们要产生伟大的诗人，一定同时要有聪明而能心领神会的读者。假使我们不善于领导，那么我们至少可以做身负艰巨任务的贤者的后盾。

工作职责是人的使命所在

职业是人的使命所在，是人类共同拥有和崇尚的一种精神寄托。从世俗的角度来说，敬业就是敬重自己的工作，将工作当成自己的事，其具体表现为忠于职守、尽职尽责、认真负责、一丝不苟、善始善终等职业道德，其中糅合了一种使命感和道德责任感。这种道德感在当今社会得以发扬光大，使敬业精神成为一种最基本的做人之道，也是成就事业的重要条件。

乔治年轻的时候曾是一家知名企业的高管，他的前途可谓不可限量。可是就在一个冬季的下午，他却犯了一个永远都无法弥补的错误——擅自离岗半个小时，也正因这半个小时他的人生从此发生了改变。

当时公司正处于淡季，乔治每天只需要用四五个小时就可以处理完手头所有的业务和其他工作，而对于剩下的几个小时，他就坐在办公室里喝喝咖啡、看看报纸，无所事事地打发掉了。不过，起初他还是非常严格地遵守着上下班的时间，因为公司对此有着非常严格的纪律。

但是就在一个下午，在处理完手头所有的事务之后，足球赛的诱惑在他心中被撩拨了起来，实在是难以自抑。在内心经历了一番挣扎后，最终他悄悄地离开了办公室，找到了一个有电视的屋子，开始尽情地欣赏起精彩的足球赛。而他的行为也让他的属下按捺不住想看足球的心，不少职员趁着他不在的时候也跑到外面的超市或餐馆去看足球比赛了。

过了将近半个小时，他匆忙而又满足地赶回了自己的办公室，一切看起来似乎都很正常，只不过他的办公桌上面多了一张纸条，上面写着：乔治先生，既然你如此喜欢观看足球比赛，那么我想你还是回家去尽情地欣赏好了。上面的签名他非常熟悉——那是他的老板。

原来，就在乔治走出自己的办公室后没几分钟，很久不曾到下面的部门走动的老板竟然大驾光临了，他很随意地走进了乔治的办公室，并且足足等了他一刻钟，却没有等到他。老板在询问其他职员得知原因之后勃然大怒，相当生气地辞掉了这位很有潜力的高管。对于被辞退一事，乔治显然心情非常糟糕，后来他又辗转到了几家公司，但是始终都没有找到适合自己的位置，而且薪资待遇也都没有原来的好。再后来，他因为失业、就业、失业、就业的恶性循环而郁郁不得志，并开始长时间地借酒消愁，一直后悔自己当年擅自离岗那半个小时。

接替乔治职务的是大卫。当年，无论是从业务能力还是从工作经验上来说，大卫都明显要逊色于乔治，但是他对自己的要求非常严格，在那一次他也没有和其他人一样去看足球比赛，如果不是乔治被辞退的话，恐怕他这一生都只会做一个并不出众的小主管。

十年过后，大卫已经成了一名拥有子公司遍布全球的大集团的总裁。当他在一所大学结束了一场颇为轰动的演讲被人流簇拥着来到大厅门口时，竟然意外地与已经沦为看门人的乔治相遇了。四目相对，乔治不禁黯然地感叹："这一切都是命运啊。"

大卫轻轻地摇了摇头，说道："也许这其中有命运的原因，但关键的是命运是掌握在自己手里的，只不过你没有记住你的职责，将它遗失于手外罢了。"

没有任何一家企业愿意聘用一个没有敬业精神的员工。没有敬业精神的员工无法给企业带来好的工作氛围，无法给顾客提供高质量的服务，无法给企业带来效益。任何一个想要发展的企业都必须要能使其员工具有敬业精神。推而广之，一个国家如果想立于世界之林，也必须使其人民敬业。警察应该尽职尽责为民众服务，行政官员应该勤奋思考并制定和执行政策，议员代表应该勤于问政，只有每个人做一行爱一行，才能被称为敬业的社会。

然而，无论我们从事什么行业，无论到什么地方，我们总是能发现许多投机取巧、逃避责任、寻找借口之人，他们不仅缺乏一种神圣使命感，而且缺乏对敬业精神世俗意义的理解。

敬业表面上看起来是有益于公司，有益于老板，但最终的受益者却是自己。当我们将敬业变成一种习惯时，就能从中学到更多的知识，积累更多的经验，就能从全身心投入工作的过程中找到快乐。这种习惯或许不会有立竿见影的效果，但可以肯定的是，当"不敬业"成为一种习惯时，你的工作业绩就无从谈起，你的长远发展更是空中楼阁。工作上投机取巧也许只给你的老板带来一点点的经济损失，但是却可以毁掉你的一生。

我们随处可见这样的人，出现问题不是积极、主动地加以解决，而是千方百计地寻找借口，致使工作无绩效，业务荒废。借口变成了一面挡箭牌，事情一旦办砸了，就能找出一些冠冕堂皇的借口，以换得他人的理解和原谅。找到借口的好处是能把自己的过失掩盖掉，心理上得到暂时的平衡，但长此以往，因为有各种各样的借口可找，人就会疏于努力，不再想方设法争取成功，而把大量时间和精力放在如何寻找一个合适的借口上。任何借口都是推卸责任。在责任和借口之间，选择责任还是选择借口，体现了一个人的生活和工作态度。消极的事物总是拖积极事物的后腿。我们把重物举起来，而地球引力却要将它往下拉。我们在工作的过程中，总是会遇到挫折，我们是知难而进还是为自己寻找逃脱的出口？

有了问题，特别是难以解决的问题，可能让你懊恼万分。这时候，有一个基本原则可用，而且永远适用。这个原则非常简单，就是绝对服从命令，敬业负责，永远不为自己找借口。

成败往往取决于个人人格。一个勤奋敬业的人也许并不能获得上司的赏识，但至少可以获得他人的尊重。那些投机取巧之人即使利用某种手段爬到一个高位，但往往被人视为人格低下，无形中给自己的成功之路设置了障碍。不劳而获也许非常有诱惑力，但很快就会付出代价，他们会失去最宝贵的资产——名誉。诚实及敬业的名声是人生最大的财富。

有一个年轻人颇有才华，但是却工作散漫，缺乏敬业精神。一次报社急着要发稿，他却搂着稿件回家睡大觉去了，影响整个报纸的出报时间。这种人永远得不到尊重和提升。人们往往会尊敬那些能力中等但尽职尽责的人，而不会尊敬一个能力一等但不负责任的人。

受人尊重会获得更多的自尊心和自信心。不论你的工资多么低，不论你的老板多么不器重你，只要你能忠于职守，毫不吝惜地投入自己的精力和热情，渐渐地你会为自己的工作感到骄傲和自豪，就会赢得他人的尊重。以主人和胜利者的负责任的心态去对待工作，工作自然而然就能做得更好。

一个对工作不负责任的人，往往是一个缺乏自信的人，也是一个无法体会快乐真谛的人。要知道，当你将工作推给他人时，实际上也是将自己的快乐和信心转移给了他人。

有人问一位成功学家：“你觉得大学教育对于年轻人的将来是必要的吗？”这位成功学家的回答发人深省：

“单单对经商而言不是必需的。商业更需要的是敬业精神。事实上，对于许多年轻人来说，大学教育意味着在他们应当培养全力以赴的工作精神时，被父母送进了校园。进了大学就意味着开始了他一生中最惬意最快活的时光。当他走出校园时，年轻人正值生命的黄金时期，但此时此刻他们往往很难将自己的身心集中到工作上，结果眼睁睁地看着成功机会从身边溜走，真是很可惜啊。”

事实上，各行各业都需要全心全意、尽职尽责的员工，因为尽职尽责正是培养敬业精神的土壤。如果在你的工作中没有了职责和理想，你的生活就会变得毫无意义。所以，不管你从事什么样的工作，平凡的也好，令人羡慕的也好，都应该尽心尽责，求得不断的进步。

即使你的环境困苦，如果能全身心地投入工作，最后你获得的不仅有经济上的宽裕，还会有人格上的自我完善、精神上的愉悦享受。

在德州一所学校演讲时，麦金莱总统对学生们说：“比其他事情更重要的是，你们需要尽职尽责地把一件事情做得尽可能完美；与其他有能力做这件事的人相比，如果你能做得更好，那么，你就永远不会失业。”

尽职尽责！无论做什么事，它都会决定你日后事业上的成败。一个成功的经营者说：“如果你能真正制好一枚别针，应该比你制造出粗陋的蒸汽机赚到的钱更多。”然而，多少年来，人们并没有领会到这一点。

一旦你领悟了全力以赴地工作能消除工作的辛劳这一秘诀，你就掌握了获得成功的原理。即使你的职业是平庸的，如果你处处以尽职尽责的态度去工作，也能增添个人的荣耀。

许多公司的老板都有过这样的经历：他们把任务交给员工的时候，员工总会提出一堆问题，或者找出一堆借口，好像认真工作、追求成功的人越来越少了，很多人宁愿保持平庸的现状。

如果你下定决心要成功，你就必须保证自己行走在成功的路上。你可以选择“做一天和尚撞一天钟”的生活，也可以追求一种尽职尽责、几近完美的生活。

记住，这是你的工作！

美国独立企业联盟主席杰克·法里斯曾讲起他少年时的一段经历。在杰克·法里斯13岁时，他开始在他父母的加油站工作。那个加油站里有三个加油泵、两条修车地沟和一间打蜡房。法里斯想学修车，但他父亲让他在前台接待顾客。

当有汽车开进来时，法里斯必须在车子停稳前就站到司机门前，然后忙着去检查油量、蓄电池、传动带、胶皮管和水箱。法里斯注意到，如果他干得好的话，顾客大多还会再来。于是，法里斯总是多干一些，帮助顾客擦去车身、挡风玻璃和车灯上的污渍。有段时间，每周都有一位老太太开着她的车来清洗和打蜡。这个车的车内地板凹陷极深，很难打扫。而且，这位老太太极难打交道，每次当法里斯给她把车准备好时，她都要再仔细检查一遍，让法里斯重新打扫，直到清除掉每一缕棉绒和每一粒灰尘她才满意。

终于，有一次，法里斯实在忍受不了了，他不愿意再侍候她了。法里斯回忆道，他的父亲告诫他说："孩子，记住，这是你的工作！不管顾客说什么或做什么，你都要记住做好你的工作，并以应有的礼貌去对待顾客。"

父亲的话让法里斯深受震动，法里斯说道："正是在加油站的工作使我学到了严格的职业道德和应该如何对待顾客。这些东西在我以后的职业经历中起到了非常重要的作用。”

“记住，这是你的工作！”优秀的员工、渴望事业成功的人，都会牢记这句话。哪怕遇到困难，我们也要服从上司命令，履行自己的工作职责。服从是敬业精神的具体体现，只有具有敬业精神的人才能在竞争激烈的现代企业中有很好的发展。

对那些在工作中推三阻四，老是抱怨，寻找种种借口为自己开脱的人，对那些不能最大限度地满足顾客的要求，不想尽力超出客户预期提供服务的人，对那些没有激情，总是推卸责任，不知道自我批评的人，对那些不服从上级指示，不能按期完成自己的本职工作的人，对那些总是挑三拣四，对自己的公司、老板、工作这不满意、那不满意的人，最好的救治良药就是：端正他的坐姿，然后面对他，大声而坚定地告诉他：记住，这是你的工作！

记住，这是你的工作！既然你选择了这个职业，选择了这个岗位，就必须接受它的全部，而不是仅仅享受它给你带来的益处和快乐。就算是屈辱和责骂，那也是这个工作的一部分。记住，这是你的工作！不要忘记工作赋予你的荣誉，不要忘记你的责任，不要忘记你的使命。一个轻视工作的人，他必将得到严厉的惩罚。

如果一个清洁工人不能忍受垃圾的气味，他能成为一个合格的清洁工吗？美国前教育部长威廉·贝内特曾说：“工作是我们用生命去做的事。”对于工作，我们又怎能去懈怠它、轻视它、践踏它呢？我们应该怀着感激和敬畏的心情，尽自己的最大努力，把它做到完美。除非你不想干了，或你已垂垂暮年，否则，你没有理由不认真对待自己的工作。当我们在工作中遇到困难时，当我们试图以种种借口来为自己开脱时，让这句话来唤醒你沉睡的意识吧：记住，这是你的工作！

责任创造卓越

美国著名管理学家玛丽·弗洛特曾经说过："责任创造卓越，责任是人类能力的伟大开发者。责任感是每一位成功者所必须具备的一项素质，我们所取得成就的大小与承担责任的多少是成正比的。"

的确，责任感越强的人，就越能全身心地投入到工作中，越容易得到他人的尊重、支持，越容易取得成功。而且在任何时候，责任感对于企业的发展都是不可或缺的。如果我们能将责任感深深地根植于自己的内心，让它成为我们心中一种强烈的、不可抹去的意识，那么在日常学习、生活和工作中，这种责任意识会让我们表现得更加出色、更加卓越。

也许你曾有过这样的经历：当你某一天心情非常愉快，感觉精力特别充沛，或有其他的原因、动力等促使你在这一天或接连几天的工作中感觉非常舒爽，你情不自禁地将自身的才干与力量全部迸发出来，尽职尽责地投入到工作中，而你的工作效率陡然成了原来的几倍，某个曾让你抓破脑袋的难题突然就这样有了完美的答案。随后，你惊奇地发现：原来自己还有很多的潜能未被挖掘出来，还有无穷的能力没有发挥出来。而对于工作，你也惊喜地发现：日复一日、年复一年，看似平凡枯燥的工作中竟然蕴含着如此多的乐趣，自己以前怎么没有体会到？

放松而愉快的心境使你的全部身心付之于工作中，高度的责任感催发了你的潜能，提高了你的自信心，使你创造了卓越战绩！

刚刚大学毕业的王思涵在一家大型建筑公司任设计师，这和她的专业非常相符，她自己也非常喜欢建筑设计工作。由于刚到公司，需要一步步从基层做起，平时许多工作都要求在工地上完成，还要经常去野外勘测，有时还要为不同的客户反反复复地修改工程细节，非常辛苦。虽然她是设计部里唯一的女性，但是对于工作高度负责的她从来没有逃避任何体力工作，总是毫无怨言、主动去做。

有一天，老板接待一名比较难缠的客户，而且客户还要求在五天的时间内做出一个可行的设计方案。大家都觉得这个客户不好伺候，虽然项目奖金不少，但是五天的时间也太紧了，就都不愿意操作这个项目。最后老板把这项任务交给了王思涵，她什么话也没有说，一接到任务就马上去现场勘测，然后就开始紧锣密鼓地工作。在五天的时间里，她都是在一种异常紧张而又兴奋的状态下度过的。她几乎食不知味，寝不安枕，一天二十四小时满脑子想的都是如何把这个方案弄好。她到处查资料，虚心向别人请教，虽然大家都知道这是一件很难做好的事情，但是谁也没有想到，当眼睛布满血丝的王思涵准时把设计方案交上去后，得到了老板和客户的一致肯定。

此后，王思涵受到老板的赏识，成了公司的名人，不久，就被提升为设计部主管，工资也翻了两番。后来，老板告诉她，他最欣赏的就是像王思涵这样对于领导交待的工作敢于负责、认真执行、兢兢业业的人。

在企业中，积极执行上司、老板分派的任务，不仅可以体现自己对工作认真负责的敬业精神，使自己的人品可以信赖，还能很好地维护公司的利益，而最重要的是，高度的责任心会促使自己做出出色的成绩，且在认真负责完成工作的过程中，自己的能力和素质也可以得到极大的锻炼和提升！

在美国卡托尔公司的新员工录用通知单上印着这样一句话：“最优秀的员工是像恺撒一样拒绝任何借口的英雄！”各种各样的借口，不费吹灰之力我们就可以找到，这些借口从表面上可以给我们带来一时的安逸和享受，但是从长远来看，不仅会有损于所在企业的利益，也不利于自己的长远发展，最终还可能导致自己一事无成。那些勇于负责的卓越员工、那些有着高度责任心的成功者都深深明白，要想提高自己的工作能力、有所成就，就要从负责任的角度入手。杰出的计算机科学家格蕾丝·莫里·赫柏就是一个很好的例子。

作为Cobol语言的主要设计者之一，格蕾丝·赫柏被称为Cobol之母。她于1906年出生在纽约市，她的祖父是美国海军少将，她本人后来也成了海军少将。

1943年，她像成千上万的美国妇女一样加入军队，被分配到隶属于哈佛大学的一个研究所，参与第一代计算机相关的研究项目。

格蕾丝·赫柏的工作，令电脑编程工作为之改观。在此之前，电脑程序代码只能用数字或者二进制码进行编写，这就使得写码和改错非常困难而且枯燥。赫柏对代码必须是数字提出了疑问，并且提出了一种完全不同的方案。

当时大家都觉得这个女人是不是疯了，认为她所提出的方案肯定行不通，但她还是坚持着。最后，她发明了计算机编程语言Cobol，终于把无数行的数字变成了英文单词。这是一个惊人的突破，让赫柏成为获得《计算机科学》年度奖的巾帼第一人。

现在Cobol的重要性可以用这句话来描述：世界上70%的数据都是

用Cobol语言进行处理的，并且90%的ATM事务处理用的都是Cobol语言。

赫柏所做的事情并不是由谁来指派的，也不是她岗位职责的一部分，但她就是认认真真地做了，并且取得了卓越的成就。她的努力、她的责任心不仅推动了科技进步与社会发展，也实现了自身的价值，给自己带来了巨大的收获。

责任感是一个人立足于社会的重要资本，任何一个企业、任何一个组织都希望把工作交给极富责任感的人。尤其是在竞争激烈的商业社会，没有一家企业愿意雇用那些没有责任心的员工，也不会把重要的职位交给那些一遇到问题就百般借口、推三阻四的员工。的确，找借口推卸责任对企业的发展具有很大的危害性，不仅会贻误时机，还会损害企业的利益。

有的人会有这样的想法："我只不过是被雇用的员工而已，公司经营得是好是坏，这和我又有什么关系呢？如果公司垮了，我再另找一份工作不就得了，我个人可什么损失都没有啊。"

其实，有这种想法的员工不在少数，许多员工都只想着得过且过的生活，他们宁愿花费大量的时间和精力找借口以偷懒、逃避，也不愿意付出同样的时间来完成自己的工作。而在做不好本职工作、完不成任务，面对老板、上司的责问时，他们又开始寻找各种各样的理由来为自己辩解、推卸责任，"时间太短""碰巧这两天有事情""工程难度太大"等都会成为他们的挡箭牌。就这样，他们渐渐忘记了自己的职责，失却了责任心，不仅在工作上变得懒惰、拖延，对于学习、生活等也会以一种极不负责的态度来应付。长此以往，必将一事无成，甚至走向自我毁灭。

的确，人生失败的原因不外乎没有责任心、没有用心去做，人们最出色的成功，往往是在高度责任心的驱使下而取得的。如果你非要认为责任会导致你思想上的压力，责任感会折磨着你的心，那你也应该看到：正是这份压力、这份折磨让人们成熟、勇敢与坚强，促使人们完成了非凡的伟业。

责任重于泰山，需尽心尽责

某位哲人说：“人生中只有一种追求，一种至高无上的追求——就是对责任的追求。”林肯说：“每一个人都应该有这样的信心：人所能负的责任，我必须负；人所不能负的责任，我亦能负。如此，你才能磨炼自己，求得更多的知识而进入更高的境界。”

每一个渴望成功的人都深切明白责任的力量和重要性，每一个优秀的企业也都非常强调责任的力量和重要性。的确，责任重于泰山，它是最基本的职业精神，承载着能力，承载着生命。一个人无论从事何种职业，都应该心怀责任感，忠于职守，尽心尽责地完成每一项工作任务。

布鲁斯是铁路的司闸员，即搬道工，已经从事这项工作二十多年了。虽然是司闸员，但是他似乎并不明白自己的真正责任，每天都显得很懒散的样子，同事觉得他对工作的责任心不够，屡次劝他要认真对待工作，但是布鲁斯每次都不会在意，他认为铁路上的意外事故并不多，干吗每天那么认真辛苦呢？

在日常生活中，他也是事事敷衍，都一把年纪了还没有结婚成家。平时他很喜欢喝酒，即使是在工作中，也要不时地喝上几口小酒。有同事向他提出批评，但他根本就听不进去，每次都会不耐烦地说："知道了，我的工作我自己会处理好的，不是从来都没有出过乱子吗？你着什么急呢？"由于布鲁斯的家庭背景原因，所以领导也对他无可奈何，只要不出什么事，也就由着他的性子了。久而久之没人管他、劝他，他自己也就放任自流了。布鲁斯一直都相信，危险的事情不会发生到自己身上，一切危险只不过是危言耸听罢了。同事们则在背后议论，说迟早有一天布鲁斯会吃到苦头的，因为他实在太追求安逸了。

终于，在冬季一个寒冷的晚上，火车在路上遇到了大风暴，晚点了。布鲁斯不禁有些烦躁，也许在这种鬼天气下，一般人有这样的情绪是可以理解的，可是作为肩负铁路安全如此重要责任的司闸员理应做到情绪平静，耐心谨慎。

可布鲁斯显然并不知责任为何物，并没有意识到他所肩负的责任有多大、多重，渐渐烦躁的他不时地从一个小瓶子里往嘴里倒一点点白酒。在酒精的不断刺激下，他慢慢兴奋起来，于是就开始玩自己的手机游戏了。而其他的列车员与司机则一直都保持着高度的警惕，密切地注视着路面情况与天气变化。

当火车行驶到两个火车站中间的时候，突然停下了。原来是车头引擎的汽缸盖冻裂了。这下情况就有点非比寻常了，因为几分钟以后，将有另一列火车同方向开过来。一个列车员飞快地跑到后车厢，让布鲁斯赶快打开红灯，让那一辆火车减速。布鲁斯玩着游戏，头也不抬地说："知道了，知道了，我一会儿穿上外衣就去办。"

"一分钟也不能耽搁了，"列车员非常严肃地对他说，"布鲁斯，那是一辆快车，你必须马上行动。"

"哦，知道了！"布鲁斯答应着。听到布鲁斯的回答，列车员又匆匆回到车头上。

但是布鲁斯并没有真的当成一回事。他把手机游戏那一关打完之后才慢慢地穿好外衣，又掏出小酒瓶来喝了一口，做完了这些之后，他才慢吞吞地找出灯笼，一路吹着口哨，沿着铁轨悠闲地踱着步子。

然而还没等他走出十几步远，另一辆列车已经呼啸而来了。他赶紧拼命地跑向前去，可是已经太晚了。那列火车的司机虽然看到了布鲁斯和他的灯笼，也赶快拉下了刹车，然而巨大的惯性根本不可能使火车马上停下来，火车一下子就撞在了前一辆火车上。顿时这里变成了人间地狱，成百上千的人还没有弄明白是怎么回事，就已经丢掉了性命。为数不多的伤员倒在血泊里痛苦地哀号、呻吟，鲜血、烈火、蒸汽交织在一起……

此后的几天里，人们没有看到布鲁斯。他失踪了！很多天后，人们在一个废弃的谷仓里找到了他。但是他已经疯了，手里拿着一个空荡荡的灯笼，见人就喊："停车啊，停车啊。"

人们把他送回了家里，接着又不得已把他送进了疯人院。每天他依旧凄厉地叫喊着："停车啊！停车啊！"他就这样一遍又一遍地喊着。他的良心从此永不得安宁，即使是疯了，也不得安宁。

像布鲁斯一样，如果不能意识到责任的重要性，不能尽心尽责地完成工作任务，那就不仅会对企业造成损失，甚至还会危及社会、危及人民的生命安全。责任的确重于泰山，需要我们用心打造，尽心尽责地完成每一项工作。在工作中，我们应时常告诫自己："这是我的责任，我就是要尽心尽责地去做，负责到底！"只有这样，你才能不断前行，摘取胜利的果实。

责任需要用心去打造，真正负责任的员工不需要上司监督，不需要别人督促，他们始终认真工作，不会因休息时间到了、下班了就匆忙结束工作，而是坚持把工作做完，将接手的事情负责到底。不管任何时间、任何地点，只要与工作、与公司有关，他们都会主动承担起自己的责任。让我们来看一则发生在韩国现代汽车公司一名员工身上的事例：

我国某个企业代表团到韩国去进行商务会谈，由于代表团的先导车开得比较快，就暂时停在了高速公路的临时停车带，以等待后面的车辆。几分钟之后，一辆现代车停靠了过来，车里走出了一对夫妇。他们问代表团成员，车辆是不是出了问题，需不需要帮忙。代表团成员把实际情况说明之后，这对年轻夫妇中的男士递过来一张名片，说：“如果你的车子有什么问题，可以随时给我打电话。我是现代汽车公司的职员，因为看到你们使用的车也是现代的汽车，就过来看看是不是有什么问题。”说完，又微笑着说了一声，“祝你们愉快。”然后就开车离开了。代表团成员对此不禁感到很惊奇，因为自己的车子并没有出现故障，也没有打电话给现代汽车公司的维修部门，而且这位男士也不是主管售后维修服务的工作人员，只是在路边遇到，他就有如此强烈的责任感，真是令人赞赏不已。

只要工作在，责任就在。如今的职场，责任已经成为领导尤为看重的品质之一，而责任也会让我们表现得更加优秀，创造出辉煌的成绩。只要你是企业中的一员，是公司的一分子，那么你就应当抛开任何借口，无论何时何地何种境况都要拿出自己的责任心，处处为企业着想，尽职尽责，兢兢业业。

布朗大学毕业后，成为一家钢铁公司的员工。上班不到一个月，他就发现许多炼铁的矿石并没有得到充分的冶炼，有些矿渣里残留了未被冶炼好的矿石。毫无疑问，这将会使企业损失巨大。

随后，布朗就去找负责这项工作的工人，说明这个问题。这位工人说：“要是技术出现了问题，工程师肯定会对我说的。如今也没见他们跟我说这个问题，那就证明目前一切正常。”

接着，布朗又去找了负责这项技术的工程师。工程师听完他的话，非常有信心地说：“公司的技术是全世界顶尖的，根本不可能出现这种问题。”工程师并未将布朗所说的当作一个大问题，心里还想：“一个刚毕业的学生能知道什么呀？无非就是想赢得他人的好感表现一下自己。”

不过，在布朗看来，这是一个非常严重的问题。于是，他带着一块并未冶炼充分的矿石找到了负责公司技术的总工程师，他说：“先生，我觉得这是一块冶炼并不充分的矿石，您觉得呢？”

这位总工程师看了看矿石说：“对，年轻人，你说得没错。这块矿石你是从哪儿弄的？”

布朗说：“是从我们公司冶炼过后的矿渣堆找出来的。”

“什么？这怎么可能？公司的技术可是世界一流的，怎么会出现这种问题呢？”总工程师非常惊讶。

布朗坚持道：“工程师也是这样说，但事实的确是这样的。”

“看来真的出现问题了，可怎么没人向我反映呢？”总工程师有点愤怒了。紧接着，他召集了负责技术的工程师来到了车间，结果发现了许多没有冶炼充分的矿石。经检查后发现，原来是监测机器上的一个部件出了故障，才造成这个问题。

这件事被老板知道以后，布朗不仅得到了奖励，而且还被提升为负责技术监督的工程师。老板感慨地说：“公司虽然有很多工程师，可是没有像布朗这样尽职尽责、处处为公司着想的工程师。这么多的工程师却没有一个人发现问题，而且有人提出了问题，他们还不当回事。技术水平的确重要，可更重要的是你心里要装着责任，要用心去负责啊！”

作为个体的人需要责任，因为责任让生活有条不紊，让工作不断进步；家庭需要责任，因为责任让家庭充满爱；社会需要责任，因为责任能够让社会平安、稳健的发展；企业需要责任，因为责任让企业更有凝聚力、战斗力和竞争力。责任重于泰山，企业的发展需要每一个员工尽心尽责，共同推动。

责任，即100－1=0

100件事情，如果99件做好了，一件未做好，那这一件事就有可能对某一公司、单位及个人产生影响。在数学上，100减1等于99，而在工作中，100减1却等于0，这就是责任的重要性。

责任没有大小之分，哪怕一丝一毫的不负责任，都可能导致令人惋惜的结局；所有的工作岗位都是非常重要的，任何一个人的任何一点不负责任的行为，都有可能会给企业造成巨大损失。

有一名在制衣厂工作的业务员为厂里订购了一批羊皮，在合同中写着："每张大于4平方尺、有疤痕的不要。"但是需要注意的是，其中的顿号本来应该是句号。结果，供货商钻了空子，发来的羊皮都小于4平方尺，订货者是哑巴吃黄连，有苦说不出，损失十分惨重。

马虎、草率、粗心、懒散等，这些都是对工作不负责任的表现。许多员工就是因为工作粗心大意而导致企业遭受重大损失。

当今社会，企业之间的竞争愈来愈激烈，员工的任何一点疏忽大意、不负责任都有可能导致整个公司遭受巨大损失。因此，所有的企业管理者都非常重视培养员工的责任感，具有较强责任感的员工不但能获得管理者的尊重和信任，同时也为自己取得事业的成功奠定了坚实的人格基础。工作中容不得半点马虎，我们只有信守责任，才能够做好一切。

杰克应聘的是一家全国知名的大型企业。人事部对他的简历非常满意，并告诉他财务经理将要对他进行面试。大约过了十分钟，财务经理来了。财务经理是一位十分瘦削的老先生，衣着朴素，面目神情却是非常严肃。几句简单的寒暄之后，便转入了正题，财务经理说他想对杰克考几个会计科目方面的问题。专业功底还算扎实的杰克不禁窃喜："好的，你说吧。"

考核极为顺利，杰克对于财务经理的几个问题几乎都是不假思索，对答如流，同时还旁征博引，援引最新颁布的有关会计法规加以论证。杰克想用自己的博学多才来赢得这位财务经理的赏识。一个小时后，他被宣布留用了。成功如此之容易，骄傲的情绪自然也就滋长起来了。

上班的第一天，财务经理交给他的第一份工作就是依据凭证录入原材料明细账。这项工作应该说是非常简单的，就是一个数字转抄的活儿而已。一千多张凭证，只需要两天就抄完了。杰克不免有些看轻这份工作，言语之间有所流露，财务经理却依然是很严肃的样子。到第五天的时候，开始与总账核对，杰克这才发现自己竟然对不上账。根据他所登录的明细金额，十次、二十次地汇总，就是与总账对不上。杰克不禁慌了手脚，要从这几千笔金额中查出错误可不是一件易事。反复核查几次后，杰克发现仍然与总账对不上，于是他开始怀疑是总账有误。

他非常自信地找到财务经理，用极其肯定的语气告诉经理自己这边没有错，应该是总账出错了。财务经理见杰克这么说，并没有直接回答他的话，而是微微笑了一下说："小伙子，这个世界上好像任何事都是相对的，没有太绝对的吧。"杰克听了之后并不以为然。

而后财务经理将其登录的明细账拿去复核，结果不到十分钟就查出了一笔错误，6956527误写成可96556527，二者之间相差约14倍！

杰克见到自己出了这么大的一个错误，顿时羞愧满面，无言以对。财务经理当即让杰克去人事部结账，他恳请经理能原谅自己的这次过错。而财务经理言出必行，毫无挽回的余地。临行时，财务经理意外地抽出时间和杰克谈心："小伙子，你很聪明，很有才干，但是人不能聪明得过了头，否则有了傲气，做起事情来责任心就会减少，容易犯错。这几天我交给你一个很简单的会计工作，就是想要考察你的责任心，结果你完成得怎么样？照抄你都会抄错，你的责任心何在呢？要知道，因为你这一个看似很小的错误，公司有可能损失好几十万，这个责任是你负还是我负呢？我很想原谅你，但是我今天不得不辞退你。我的年龄与你的父亲相当，我家也有儿子，而正因为如此，我想如果今天不给你一个沉重的打击，你就不能吸取这个教训、培养自己的责任心。也希望你能体会我的良苦用心。"

就这样，一份年薪10万元的工作与他失之交臂了。他为自己的错误、为自己的不负责任付出了代价。

其实，在我们的工作中，事无大小，责任也无分大小。如果把企业、组织比喻成一座大厦，那么每个员工、个体的责任感就是这座大厦的基石。稍有疏忽，大厦便可能会轰然倒塌。

第二次世界大战后的英国，食用油严重匮乏，传统的油煎鱼和炸土豆已经成为英国人眼中的"奢侈品"。有一位政府官员坐飞机视察了当时英国的非洲殖民地坦噶尼喀（坦桑尼亚的大陆部分，在非洲东部，濒印度洋），认为那是种花生最理想的地方。政府听从了这位官员的建议，便兴冲冲地投资了6000万美元，要在那片非洲的灌木丛中开垦出1300万公顷的土地种花生。

可是这位官员在考察的时候疏忽了一点：坦噶尼喀的灌木丛坚硬无比，大部分的开荒设备一碰到这些灌木丛就会损坏。因此，英国政府派出的官员和雇工们花了很大的功夫才开垦出了原计划十分之一的土地。而且这些雇工们在操作的过程中很随意地就除掉了一种野草，到后来才知道原来这种野草是能够保持土壤养分的，失掉它就破坏了生态平衡。花生种子如果稍迟种下，光秃秃的新土就会被风刮走，或受到炎炎烈日的灼烤而丧失养分。

原计划在这片新垦地上一年要生产60万吨花生，可是由于先前不负责任的考察，到头来总共只收了9000多吨。英国的政府官员们见势不妙，又改种大豆、棉花、烟叶、向日葵等。可是在那非洲土地上，这些作物竟然无一扎得下根。英国政府在1964年被迫停止了此项计划，损失了8000多万美元，折算下来每粒花生米的成本竟然高达1美元。

由于前期考察准备工作中的一些疏忽，英国政府付出了沉重的代价。正所谓"差之毫厘，谬以千里"，事无大小，责任重于一切。的确，如果缺乏对责任的信守，不能认真地对待每一项工作，不仅是对自身发展的一种懈怠，也可能使所在企业、组织为此遭受惨重损失。

不忽略细节，真正意识到责任的重要性，是每一个人所应努力做到的。这是因为，有较强责任感的员工不仅能够得到上司、企业的信任，为企业带来效益，推动企业的发展，同时也是为自己的事业在通往成功的道路上奠定了坚实的人格基础。

不为自己的错误开脱

史蒂文和托马斯是大学同学，关系非常要好。尽管史蒂文的家庭条件较差，无法与托马斯的家境相比，但是这并不影响他们之间的友谊。

毕业之后，史蒂文和托马斯还进了同一家公司。他们对待工作都很认真努力，有一次，他们两个到客户那里去取一批名贵的瓷器。当史蒂文把一件瓷器递给托马斯的时候，托马斯没留神，一下没有接住，瓷器掉在了地上。望着脚下满地的碎片，他们都知道这意味着什么，被辞退不说，可能还要为此背负沉重的债务！

回到公司后，老板对他们进行了十分严厉的批评。在等待处理结果的过程中，史蒂文悄悄地避开了托马斯，一个人走到老板的办公室，向老板请求道："老板，这次并不是我的错，瓷器是托马斯一个人不小心弄坏的，应该由他负全部责任。"

听史蒂文这样说，老板又把托马斯叫到了他的办公室，让托马斯把事情经过原原本本地讲一遍。托马斯就把事情的原委又说了一遍，最后他说："这件事情确实是我们失职，我愿意为此承担所有的责任。另外，据我所知，史蒂文的家庭条件不太好，所以，我很希望老板能酌情考虑对他不要惩罚，我会尽我的全力来弥补我们这次所造成的损失。”

在此后的几天里，他们就在静静地等待处理结果。终于有一天，老板把他们一起叫到办公室，对他们说：“公司一直对你们都很器重，而且还想从你们两个当中选择一个人来担任客户部经理，没想到现在出了这样一件事。不过也好，这也成了一次考验，会让我们更清楚，到底谁堪当大任，是经理的合适人选。现在我们决定请托马斯担任公司的客户部经理，不过托马斯连续三个月要被扣除部分工资，以作为瓷器的赔偿，至于史蒂文，从明天开始你就不必来上班了。”

实际上，在史蒂文和托马斯取货的过程中，客户一直在旁边，看到了他们传递的整个过程。客户早在瓷器刚破碎的时候，就和老板说过了。由此，老板也就非常清楚地看到了自己员工的素质，认清了谁才是有责任心、堪当大任的人才。

面对已经犯下的错误、已经造成的遗憾，勇于负责、不为自己的错误开脱的人无疑是值得老板信任的。对自己的行为负责，主动承认错误，以负责的态度弥补过失，对公司和老板负责，对客户负责——只有这样，才能在公司中有所发展。从某种意义上来说，责任里也蕴含着机遇。敢于承担自己的责任，敢于为自己的责任付出代价，其实也是在磨练意志、发掘潜力，这无疑是在为自己创造成功的机遇、为自己奠定走向成功的路基。任何一个老板都清楚，一个能够勇于承担责任的员工，对于公司的发展有着重要的意义。一个只懂得推脱、逃避的人，除了给公司造成损失以外，还会因失去诚信而无法在公司里、行业内、社会上立足。

有一天下午，东京奥达克余百货公司的售货员彬彬有礼地接待了一位前来买唱机的美国顾客。售货员为她精心地挑了一台“索尼”牌的唱机。顾客走了后，这名售货员清理商品的时候却突然发现，自己竟然错将一个空心唱机货样卖给了那位美国顾客。面对如此严重的错误，她立即向公司警卫作了报告。警卫马上四处寻找那位女顾客，但始终没有看到其踪影。经理接到报告之后大吃一惊，觉得事关顾客的利益和公司的信誉，实在是非同小可，于是马上召集有关工作人员研究对策。最后经过调查得知，那位美国顾客叫基泰丝，是一位记者，她在购买唱机的时候曾留下了一张“美国快递公司”的名片，除此之外，别无线索。而根据这条仅有的信息，奥达克余公司公关部开始了一连串近乎大海捞针似的寻找。一个接一个的电话打向了东京各大宾馆，但是查询无果。他们又向纽约的“美国快递公司”总部查询，几经辗转，终于在深夜时分，公关部的工作人员得到了基泰丝父母的电话。于是马上给她父母致电，得到了基泰丝在东京的住址和电话。公关部的几个人几乎忙了一夜，总共打了35个紧急电话。

第二天一大早，奥达克余公司就给基泰丝打电话表示深深的歉意。几十分钟后，奥达克余公司的经理和一名提着东西的公关人员，乘车赶到了基泰丝的住所。两个人进了客厅，见到基泰丝就深深地鞠了一躬，并再次表达公司的歉意。她们除了送来一台新的合格的“索尼”唱机之外，还加送了一张唱片、一盒蛋糕和一套毛巾。接着经理打开了记事簿，向她讲述了及时弥补这一失误的全部过程。

这不禁使基泰丝深受感动。她告诉他们，她买这台唱机，是准备送给东京外婆作礼物的。昨天回到住所后试用，她发现唱机没有装机芯，根本就不能使用。当时她非常生气，觉得自己上当受骗了，然后就立即写了一篇《笑脸背后的真面目》的批评稿，并且准备第二天一早去奥达克余公司兴师问罪。令她没有想到的是，奥达克余公司纠错如救火，为了一台唱机，花费了那么多的精力。这样的做法，让她很是敬佩。后来她又重新写了一篇题为《35次紧急电话》的特写稿。

《35次紧急电话》见报之后，反响非常热烈，奥达克余公司也因一心为顾客着想而声名鹊起，门庭若市。

其实，不管是一个人，还是一个团队，甚至一个企业，在问题面前、困难面前、错误面前，千万不要想去逃避，只有勇敢面对，勇于承担责任，个人才能走向成功，团队的战斗力才会增强，企业才能做好、做大。选择逃避，只会对自己和别人造成损失。

第五章

自动自发，

成功的最佳捷径

自动自发地工作

我们的周围总有很多“聪明”的人，他们的工作能力非常强，可总是得不到老板的赏识。这是为什么呢？看看他们平时的工作表现吧！他们不想接受命令，自以为聪明，一眼就看穿了他的雇主要压榨员工的用心。老板安排他们去办事的时候，更多的时候，他们总是干脆地回答：“我不想去，你能安排其他的人吗？”这种人即使他们的全部才能被埋没，恐怕也不值得同情。

你面对的是毫无挑战和毫无生趣的工作？你觉得你的老板在压榨、剥削你？认真思索一下，这些借口正是成功之路上的阻碍。如果你能够做到自动自发，最后终能获得回报。那么，什么叫自动自发？自动自发就是没有人要求你、强迫你，却能自觉而且出色地做好自己的事情。

成功的人很早就明白，自动自发是成功的最佳捷径，什么事情都要自己主动争取，并且要为自己的行为负责。没有人能保证你成功，只有你自己；也没有人能阻挠你成功，只有你自己。

我们经常会发现，那些被认为一夜成名的人，其实在功成名就之前，早已默默无闻地努力了很长一段时间。成功是一种努力的累积，不论何种行业，想攀上顶峰，通常都需要漫长时间的努力和精心的规划。

每个老板都喜欢积极主动、善解人意的员工，人们也乐意和这种人共事。而一个人养成了自动自发的工作习惯，也就掌握了个人进取的精义。那些以无比的热情看待自己工作和事业的人，总能发掘出无穷的机会。相反，那些被动的人，只能永远等着别人给他安排任务，而且还要推脱搪塞，在这同时，他也推掉了机会。造物者授予人们掌握思想的权利，无疑是希望他们能够自动自发。有成功潜质的人，总是能够比别人多付出一些，自动自发地为自己争取最大的进步与利益。

许多公司都努力把自己的员工培养成对待工作自动自发的人。工作自动自发的员工，会勇于负责，有独立思考能力。他们不会像机器一样，别人吩咐做什么他就做什么。他们往往会发挥创意，出色地完成任务，而不能自动自发工作的员工，则墨守成规、害怕犯错，凡事只求符合公司规则。他们会告诉自己，老板没有让我做的事，我又何必插手呢？又没有额外的奖励！这两种不同的想法会明显地导致不同的工作表现。

一家商店的老板对朋友讲起了自己的两个员工小曹和小海。他们的年龄一样大，也拿同样的薪水，可是小曹很快就加薪升职了，而小海仍然一直原地踏步。

“其实，不能说我不公平，小曹这小伙子实在是招我喜欢。我觉得我不能不给他加薪升职，那是他应该得到的。”老板说，“我派他们去市场上看看有什么卖的，因为我的库存已经不多了。小海回来告诉我只有一个农民在卖土豆。我问有多少，他不知道，就又跑到市场上问了回来。我问价格是多少，他又只好第三次跑到市场问出了价钱。”

说到小曹，那位老板笑着说，脸上带着欣慰的表情，好像讲述的是他自己的儿子：“他很快从市场上回来，并汇报说目前只有一个在卖土豆的农民，一共40口袋。价格还比较合理。他还带回一个土豆，让我看看质量。

“你更不会想到的是，他从农民那儿了解到西红柿的销量很好，他把那个农民也带来了，在他手上还有一个西红柿样品。后来我就放心地让小曹担任了更重要的职位。而小海，我实在找不出什么理由给他加薪，哪怕是100元……”

自动自发的人不仅会圆满地完成自己的任务，还会忠心耿耿地为老板考虑，给他提供尽可能多的建议和信息，他们也因此会得到提升和赏识。比别人多努力一些，就会拥有更多的机会。在以前的工业时代，听命行事的能力相当重要，而现在个人的主动进取更受重视。知道什么事该做，就立刻采取行动——动手去做！不必等别人的督促与交代。

“我没有时间！”

“我实在太忙了，不能做！”

“恐怕现在还不是最佳时机，我们为什么不再等等呢？”

通常，这些司空见惯的话语可能会使你付出数倍的代价。“没有时间”只是懒散者的挡箭牌，是懦弱无能者的借口。要想获得更多的机会，你就应该积极主动地去工作、去争取。

成功的机会总是在寻找那些能够主动去做事的人，可是很多人根本就没有意识到这一点，他们早已养成了拖延懒惰的习惯。只有当你主动、真诚地投入工作时，成功才会伴随而来。而每一个企业也都在寻找能够主动做事的人，并以他们的表现来犒赏他们。

乔丹在他的自传中写到他和斯科特·皮彭的区别：皮彭让自己成为随时进攻别人的“侵略者”，每一次进攻都会给人们创造一次惊奇。但我和他之间存在着区别：他是只有后面有一群狼在追着自己的时候才会发动进攻，而我是任何时候、任何位置（哪怕没有追逐的狼群）都会发动进攻。其实这种区别是非常大的，所带来的威力的不同也是非常明显的。

也正是由于具有主动发动进攻的精神，乔丹才会成为最出色、最伟大的球员之一。其他工作也是如此，凡事不要等着老板交待、上司安排，你应该充分发挥你的主动性去争取机会，一步步接近成功。

所有的成功人士都是由于他们具有积极主动的态度，肯自动自发地工作，随时准备把握机会，展现超乎他人要求的工作表现，并且拥有非凡的智慧和判断力，从而不断地迈向成功的。一个人只有具有积极主动的态度、自动自发工作的意识，才能更快地取得成功。

别拿“老板不在”当借口

在很多企业里，总有一些这样的员工：他们对工作的态度是分时间和地点的，老板如果在公司，他们就会表现得非常积极主动，热情、认真、及时地完成各项工作，还争着抢着多做一些，生怕落于人后；而一旦脱离了老板的视线，他们就会投机取巧，马上松懈下来，偷懒、抱怨、拖延、推诿，打打私人电话、上网聊聊天，甚至趁机跑出去办私事……

这类人往往很自以为是，觉得自己的想法很聪明：老板在时多表现，老板不在表现给谁看呢，还不如能歇一会儿是一会儿呢！

有三个年轻人到一家建筑公司去应聘：小牛、小赵、小万。他们三个是经过一轮又一轮的考试，从众多求职者中脱颖而出的，工作能力都非常出色。

公司的人力资源部经理对他们表示祝贺之后，带他们到了一处工地。工地上有三堆散落的砖头，乱七八糟地堆在那里。人力资源部经理告诉他们，每人负责一堆，将砖头整齐地码成一个方垛，然后他在三个人疑惑的目光中离开了工地。

小牛对小赵说：“不是说已经录用我们了吗？为什么让我们来这儿？莫名其妙！”小赵说：“我并没有应聘这样的职位啊，为什么让我干这个？经理是不是搞错了？”小万说：“不要问为什么了，既然让我们干，那就干吧！”说完就带头干了起来。

小牛和小赵看了看小万，只好跟着干起来。还没完成一半，小牛和小赵明显放慢了速度，小牛说：“反正经理又没在，我们歇会儿吧。”小赵跟着停下来，小万却一直保持着同样的节奏。

等经理回来时，小万只剩十几块砖就全部码齐了，而小牛和小赵只完成了1/3的工作量。经理对他们说：“午休时间到了，下午再接着干。”小牛和小赵如释重负地扔掉了手中的砖，而小万则坚持将最后的十几块砖码齐。

回公司后，经理郑重地对他们说：“我们公司这次只聘任一位设计师，获得这一职位的是小万。小牛和小赵，你们为什么落聘，自己想想在工地上的表现就知道答案了，我在远处看得清清楚楚。”

我们身边可能不乏小牛和小赵那样的员工，老板在与不在，工作表现截然不同。这是由于他们没有意识到主动工作的重要性，他们习惯于用传统的态度来对待自己的职业。这样做的结果是，推诿、拖沓、不负责，越来越懒惰，越来越平庸。

如果你比较幸运，能够通过自省意识到自己对工作没有积极主动性，没有自动自发完成工作任务的习惯，那么你就要注意培养自己的积极主动精神了。只有抱以积极主动的态度，自动自发地完成工作，才会让老板惊喜地发现你实际做的，比你原来承诺的更多，你才有机会获得加薪、升职等，成为管理者最欣赏和企业最需要的人，成为成功之路上的快行者。看看我们的主管、部门经理、总经理等公司内担任重要职务的人，老板在与不在对他们丝毫没有影响，他们无一不是肯自动自发并且甘之如饴的人。如果一个人总是保持老板在与不在的“两面派”表现，那么注定他得不到老板的赏识，在工作上没有出色的成绩，在事业上毫无建树。

闻名世界的美国钢铁大王卡耐基说："世界上有两种人注定一事无成，一种是除非别人要求他去做，否则绝不会主动去做事的人；还有一种人则是即使别人要求他去做，他也做不好事情的人。那些不需要别人催促，就会主动去做应该做的事，而且不会半途而废的人必定可以取得成功，这种人懂得要求自己多努力一点多付出一点，而且比别人预期的还要多。"

千万不要认为，老板不在就可以偷懒、松懈，不认真对待工作。你应该深深地明白，企业聘用你是希望你为企业创造最大的效益，所以你应该积极主动地工作，而不是耍滑偷懒。而且工作所给予我们的不只是薪水，更有能力和素养的不断提高、自我价值的实现等更多的奖赏。工作需要积极主动的态度，需要自动自发的精神。

一个人的工作态度，在很大程度上决定了他的报酬、职务，决定了他事业上的成就。那些能自动自发工作的优秀员工，不仅不会偷懒，能按部就班地完成任务，还会为老板、为企业考虑，自觉地提供尽可能多的建设性意见和信息，以求工作尽善尽美。如果能具有这样的主动意识，立足于瞬息万变的竞争环境中绝非难事。

的确，不以"老板不在"为借口，拥有主动精神，肯自动自发地工作，那么距离成功也就不远了。

不要只做别人告诉你的事

职场中，有一项最重要的规则，或许你的上司永远都会对你秘而不宣，但是你要始终牢牢地记在心里，那就是企业对你的“终极期望”——永远做公司非常需要做的事，而不是只做别人告诉你的事。

任何一家企业，都希望自己拥有一批能够主动思考、主动工作的优秀员工，而不是那些等待指令、只完成指令以内工作的员工。只有主动思考、主动工作的员工，才能准确领悟指令，主动发挥自己的聪明才干，把上司没有交待过的事情也想到和做到，从而把工作做得比预期还要好，给企业带来最大的利益，并且在此过程中，不断锻炼和提升自己。

主动去做别人没有告诉你的事情，是一种很聪明的做法。明白你是在为自己工作，你是在锻炼、提高自己的能力，而且如果还能把这些事做得很好，那么，你就能提升自己在上司心目中和企业中的位置，就会被提升到更高的职位，获得更大的成功。

年轻的琳达，在短期内就被提升为公司的高管。有人问她成功的经验，她回答道：“在试用期内，我发现每天下班后员工都回家了，而老板却常常工作到深夜。我希望能够有更多的时间学习一些业务上的知识，就留在办公室里，同时给老板提供一些帮助，尽管从没有人告诉我或要求我做这些，而且我的行为还受到一些同事的议论。但是，我相信自己是对的，并且坚持了下来。长时间以来，我和老板配合得很好，他也渐渐习惯要我负责一些事……”

在很长一段时间内，琳达并未因积极主动的工作而多获取任何酬劳。但是她长此以往地坚持，不仅了解和学到了很多情况和工作方法，而且最终获得了老板的赏识与信任，赢得了升职的机会。

工作中，很多员工都没有意识到主动工作的重要性。他们习惯于用传统的态度来对待自己的工作，习惯了听从上司的吩咐和指令。这样做的结果是，自己变得越来越平庸，而那些能自己管理、领导自己、主动去工作的员工，才能成为管理者，成为企业最欣赏和最需要的人。

事实上，很多工作了多年的老员工，也往往没有弄清楚管理者和企业对自己的真正期望是什么，他们以为忠实执行、做好分内的工作就可以了。这样的老员工在自己的职位上一做就是几年甚至几十年，毫无晋升和提拔的可能与机会。

小雨是一家房地产开发公司财务部的员工。一次朋友聚会，她偶然听到一个内部消息，市政府有意向在市郊划出一块地皮，用来建经济适用房，以解决市内低收入者的住房困难问题。得知这个消息后，小雨便立即多方求证这条信息是否可靠，同时还着手准备了一些前期资料。她认为，如果这个消息是真实的，那么一旦公布，市政府就会公开招标，到时候将会有很多家开发商去投标。如果自己的公司先做好了准备，中标的胜算不就更大了吗！

一些同事不解地问：“小雨，你干吗自讨苦吃呀？你现在做的这些事，老板可没有吩咐你啊！再说了，老板给咱们这么点工资，干吗这么辛苦地为他跑来跑去啊。如果那个消息是假的，你岂不是白忙活一场？”

“如果是真的呢，我现在做的这一切不就变得非常有价值了吗？我们不就可以占尽先机了吗？”小雨非常坚定地回答道。

“如果消息是真的，那么多家房地产公司，能不能中标还是个未知数呢！”同事反驳说。

“如果消息是真的，那样最好，我们先做准备，总比不做准备的公司要好得多；即使是假的，我们从这些资料中也可以学到很多东西的。”小雨高兴地说。

两个月后，这个消息得到了证实。市里几家有实力的房地产开发公司立即忙碌起来，开始了投标前的紧张准备工作，小雨所在的公司也不例外。

就在总经理紧急召集中高层管理人员开会，商讨竞标工作的运作时，小雨拿着一摞厚厚的资料敲开了会议室的门。

“你不是财务部的员工吗？”总经理看到那一摞资料，既高兴又意外。

“是的。”

“是谁让你这样做的？”

“没有人吩咐，我是在朋友聚会上听到这个消息的，但是我没有得到证实，所以没有上报。于是我自己主动提前去做这些，如果消息是真的，就能给公司带来帮助。在其他公司还在忙碌地收集材料时，我们就可以动手制作标书和筹备其他事情了。这样，我们就会占尽先机。”

小雨的话刚说完，会议室便响起了热烈的掌声。这掌声是公司领导层对小雨的感谢，是对她自动自发工作的肯定。

在后来的竞标中，小雨所在的公司果然一举中标。在庆功会上，总经理郑重地代表公司向她敬了一杯酒，并宣布任命小雨为财务主管。

其实，现在的企业，内部分工越来越细，每个人都在各自负担着自己的责任。上司很多时候都会告诉你："这件工作，你负责其中的某一部分，其余的部分分别由A、B、C来完成。"这样的工作指令或许每天都有，而员工如果只是按照指令来行动，或者认为只要能够按照指令来行动，自己就不用负太多的责任。那么有了这种习惯或想法的员工，就会一味地习惯于一等再等，消极懈怠，失掉原有的进取心、创造性和对工作热忱的态度，只能成为机械完成工作的"应声虫"。

而那些成功者以及那些得到上司赏识、企业重用的员工，都是主动进取、肯自动自发工作的人。他们很清楚，事情不能被动地等待，没有人能保证自己的成功，只有自己主动去思考、去工作。他们知道自己工作的意义和责任，并且随时准备机会，展示超乎他人的工作表现，把工作做到尽善尽美。

从现在开始，主动去思考，主动去工作，而不仅仅是做别人告诉你的事。付出比别人更多的智慧、热情、责任、想象力和创造力，你就能赢得自己的成功！

每天多做一点点

我们不应该抱有“我必须为老板做什么”的想法，而应该主动多想一想“我能为老板做些什么”。全心全意、尽职尽责是不够的，还应该比自己分内的工作多做一点，比别人期待的更多一点，如此可以吸引更多的注意，给自我的提升创造更多的机会。

你只是从事你报酬分内的工作，将无法争取到人们对你的有利的评价。但是，当你愿意从事超过你报酬价值的工作时，你的行动将会促使与你的工作有关的所有人对你做出良好的评价。

你当然没有义务要做自己职责范围以外的事，但是你也可以选择自愿去做，以驱策自己快速前进。率先主动是一种极珍贵、备受看重的素养，它能使人变得更加敏捷，更加积极。无论你是管理者，还是普通职员，“每天多做一点”的工作态度能使你从竞争中脱颖而出。你的老板、委托人和顾客会关注你、信赖你，从而给你更多的机会。

有十几个原因可以解释，你为什么应该养成“任劳任怨、不计酬劳”的习惯，尽管事实上很少有人这样做。其中有两个最主要的原因：

第一，你在建立了任劳任怨、不计酬劳的好名声之后，将获得好处。因为和你四周那些未这样工作的人比较起来，你们之间的差别将十分明显，因此，不管你所从事的是什么行业，将有很多人指名要接受你的服务。

第二，举个例子，假设你想要把你的右臂锻炼得十分强壮，那么，你唯有利用它来做最辛苦的工作。若你不去使用你的右臂，让它长期地休养，那会使它变得虚弱而萎缩。

身处困境，与之奋斗能够产生力量，这是大自然永恒不变的一项法则。如果你做的工作比你所获得的报酬更多、更好，那么，你不仅表现了你的乐于提供服务的美德，也因此发展出一种不寻常的技巧与能力，你将对你所从事的工作感到十分愉快，最后将产生足够的力量，使自己摆脱任何不利的事业发展环境。

每天多做一点工作也许会占用你的时间，但是，你的行为会使你赢得良好的声誉，并增加他人对你的需要。

卡洛·道尼斯先生最初为杜兰特工作时，职务很低，现在已成为杜兰特先生的左膀右臂，担任其下属一家公司的总裁。之所以能如此快速升迁，秘密就在于“每天多干一点”。

有记者曾经拜访道尼斯先生，并且询问其成功的诀窍。他平静而简短地道出了个中缘由：

“在为杜兰特先生工作之初，我就注意到，每天下班后，所有的人都回家了，杜兰特先生仍然会留在办公室里继续工作到很晚。因此，我决定下班后也留在办公室里。是的，的确没有人要求我这样做，但我认为自己应该留下来，在需要时为杜兰特先生提供一些帮助。

“杜兰特先生经常找文件、打印材料，最初这些工作都是他亲自来做。很快，他就发现我随时在等待他的召唤，并且逐渐养成了招呼我的习惯……”

杜兰特先生为什么会养成召唤道尼斯先生的习惯呢？因为道尼斯自动留在办公室，使杜兰特先生随时可以看到他，并且诚心诚意为他服务。这样做获得了报酬吗？没有。但是，他获得了更多的机会，使自己赢得老板的关注，最终获得了提升。

每天多做一点，初衷也许并非为了获得报酬，但往往会获得更多。

对艾伦一生影响深远的一次职务提升是由一件小事情引起的。一个星期六的下午，一位律师（其办公室与艾伦的同在一层楼）走进来问他，哪儿能找到一位速记员来帮忙——手头有些工作必须当天完成。

艾伦告诉他，公司所有速记员都去观看球赛了，如果晚来五分钟，自己也会走。但艾伦同时表示自己愿意留下来帮助他，因为“球赛随时都可以看，但是工作必须在当天完成”。

做完工作后，律师问艾伦应该付他多少钱。艾伦开玩笑地回答：“哦，既然是你的工作，大约1000美元吧。如果是别人的工作，我是不会收取任何费用的。”律师笑了笑，向艾伦表示谢意。

艾伦的回答不过是一个玩笑，并没有真正想得到1000美元。但出乎艾伦意料，那位律师竟然真的这样做了。六个月之后，在艾伦已将此事忘到了九霄云外时，律师却找到了艾伦，交给他1000美元，并且邀请艾伦到自己公司工作，薪水比现在高出1000多美元。

一个周六的下午，艾伦放弃了自己喜欢的球赛，多做了一点事情，最初不过是出于乐于助人的愿望，而不是金钱上的考虑。艾伦并没有放弃自己的休息日去帮助他人的责任，但那是他的一种特权，一种有益的特权，它不仅为他增加了1000美元的现金收入，而且为他带来一个比以前更重要、收入更高的职位。

一般人认为，忠实可靠、尽职尽责完成分配的任务就可以了，但这还远远不够，尤其是对于那些刚刚踏入社会的年轻人来说更是如此。要想取得成功，必须做得更多更好。一开始我们也许从事秘书、会计和出纳之类的事务性工作，难道我们要在这样的职位上做一辈子吗？成功者除了做好本职工作以外，还需要做一些不同寻常的事情来培养自己的能力，引起人们的关注。

如果你是一名货运管理员，也许可以在发货清单上发现一个与自己的职责无关的未被发现的错误；如果你是一个过磅员，也许可以质疑并纠正磅秤的刻度错误，以免公司遭受损失；如果你是一名邮差，除了保证信件能及时准确到达，也许可以做一些超出职责范围的事情……这些工作也许是专业技术人员的职责，但是如果你做了，就等于播下了成功的种子。

做最优秀的员工

每一个进入西点军校的学员，在他们的心中，都埋藏着一个当将军的梦想。若非如此，他们就不可能成为优秀的士兵。同样的，在企业里也有许多这样的优秀员工。那些在职场中如鱼得水被誉为“最优秀的员工”的人，具有一些共同的特质。他们是具有责任感、团队精神的典范，他们懂得服从，他们积极主动、富有创造力。任何一家企业都热忱呼唤这样的员工。

在工作过程中，最好的执行者，都是自动自发的人，他们确信自己有能力完成任务。这样的人的个人价值和自尊是发自内心的，而不是来自他人。也就是说，他们不是凭一时冲动做事，也不是只为了老板的称赞，而是自动自发地、不断地追求完美。

一位心理学家在研究过程中，为了实地了解人们对于同一件事情在心理上所反应出来的个体差异，他来到一所正在建筑中的大会堂工地，对现场忙碌的敲石工人进行访问。

心理学家问他遇到的第一位工人：“请问你在做什么？”

工人没好气地回答：“在做什么？你没看到吗？我正在用这个重得要命的铁锤，来敲碎这些该死的石头。而这些石头又特别的硬，害得我的手酸麻不已，这真不是人干的工作。”

心理学家又找到第二位工人："请问你在做什么？"

第二位工人无奈地答道："为了每天500美元的工资，我才会做这件工作，若不是为了一家人的温饱，谁愿意干这份敲石头的粗活？"

心理学家问第三位工人："请问你在做什么？"

第三位工人眼中闪烁着喜悦的神采："我正参与兴建这座雄伟华丽的大会堂。落成之后，这里可以容纳许多人。虽然敲石头的工作并不轻松，但当我想到，将来会有无数的人来到这儿举行各种活动时，心中便常为这份工作而感到骄傲。"

同样的工作，同样的环境，却有如此截然不同的态度。第一种工人，是完全无可救药的人。可以设想，在不久的将来，他将不会得到任何工作的眷顾，甚至可能是生活的弃儿。第二种工人，是没有责任和荣誉感的人。对他们抱有任何指望肯定是徒劳的，他们抱着为薪水而工作的态度，为了工作而工作。他们肯定不是企业可依靠和老板可依赖的员工。

该用什么语言赞美第三种工人呢？在他们身上，看不到丝毫抱怨和不耐烦的痕迹，相反，他们是具有高度责任感和创造力的人，他们充分享受着工作的乐趣和荣誉，同时，因为他们的努力工作，工作也带给了他们足够的荣誉。他们就是我们想要的那种员工，他们是最优秀的员工。一家好的公司，也应该通过各种方式让员工明白，他们不会常因为完成了任务而得到老板的称赞。他们应该学会重要的一课：自我奖励。

第三种工人，完美地体现了工作的哲学：自动自发，自我奖励，视工作为快乐。这样的工作哲学，是每一个企业都乐于接受和推广的。持有这种工作哲学的员工，就是每一个企业所追求和寻找的员工。他所在的企业、他的工作，也会给他最大的回报。

或许在过去的岁月里，有的人时常怀有类似第一种或第二种工人的消极看法，每天常常谩骂、批评、抱怨、四处发牢骚，对自己的工作没有丝毫激情，在生活的无奈和无尽的抱怨中平凡地生活着。

不论你过去对工作的态度究竟如何，都并不重要，毕竟那都已经成为过去，重要的是，从现在起，你未来的态度将如何?

让我们像第三种工人那样，做最优秀的员工吧，积极、主动、热情，并时常怀抱着一颗感恩的心!

那么，到底怎样的员工才可以称之为优秀员工呢？不外乎以下几种：

1.不忘初衷而虚心学习的员工。这里所谓的初衷，指的是企业的经营理念。只有始终不忘企业经营理念的员工，才可能谦虚，才可能与同事齐心协力。也只有这样，才能实现企业的使命，不忘初衷，又能谦虚学习的人，才是企业最需要的员工。

2.有责任意识的员工。这就是说，处在某一职位、某一岗位的干部或员工，能自觉地意识到自己所担负的责任。有了自觉的责任意识之后，才会产生积极、圆满的工作效果。没有责任意识或不能承担责任的员工，不可能成为优秀的员工。

3.自动自发、懂得服从的员工。具有积极思想的人，在任何地方都能获得成功。那些消极、被动地对待工作，在工作中寻找种种借口的员工，是不会受到企业欢迎的。

4.爱护企业，和企业成为一体的员工。除了睡觉，每个人有大半的时间在企业中度过，企业是自己的第二个家。优秀的员工，都具有企业意识，能和企业甘苦与共。

5.不自私而能为团体着想的员工。应该明白，所有成绩的取得，都是团队共同努力的结果。只有把个人的实力充分地与团队形成合力，才具有价值和意义。

6.随时随地都具备热忱的员工。人的热忱是成就一切的前提，事情的成功与否，往往是由做这件事情的决心和热忱的强弱而决定的。碰到问题，如果拥有非成功不可的决心和热忱，困难就会迎刃而解。

7.不墨守成规而经常出新的员工。相信每一个企业都欢迎这样的员工，因为创造力和创新能力是企业发展的永恒动力。

8.能作出正确价值判断的员工。价值判断是包括多方面的。大而言之，有对人类的看法、对人生的看法，小到对公司经营理念的看法、对日常工作的看法。

9.有自主经营能力的员工。如果一个员工只是照上面交代的去做事以换取薪水，这是不行的。每一个人都必须以预备成为老板的心态去做事。如果这样做了，在工作上一定会有种种新发现，其个人也会逐渐成长起来。

10.能得体支使上司的员工。所谓支使上司，也就是提出自己对所负责工作的建议，并促使上司同意；或者对上司的指令提出自己的看法，促使上司修正。如果一个企业里连一个这样支使上司做事的人都没有，企业的发展就成问题；如果有10个能真正支使上司的人，那么企业就有光明的发展前途；如果有100个人能支使上司，那企业的发展会更加辉煌。

11.有气概担当企业经营重任的员工。这种气概就是自信、毅力和责任心的体现，这种气概会给企业带来不可估量的价值。

永远不要说你做得够好了

不要满足于尚可的工作表现，要做最好的，你才能成为不可或缺的人物。在公司中，很多人都以为自己做得已经足够好了，真的是这样吗？你真的已经做得尽善尽美了吗？你真的已经发挥了自己最大的潜能了吗？

韩先生现在是一家公司的老板，他以前只是一名推销员。他奋起的源泉是他在一本书上看到的一句话：每个人都拥有超出自己想象十倍以上的力量。在这句话的激励之下，他反省自己的工作方式和态度，发现自己错过了许多可以和顾客成交的机会。于是，他制定了严格的行动计划，并在每一天的工作中付诸实践。两个月后，他回过头看看自己的进展，发现业绩已经增加了两倍。数年以后，他已经拥有了自己的公司，在更大的舞台上检验着这句话。

造物主赋予我们每个人一种突出的才能，也许你有管理的才能、绘画的天赋、写作的悟性、思考的资质等等。无论你的特色是什么，你都不要把自己藏起来，你应该积极地把你的才能发掘出来并发挥得淋漓尽致。

事实上，面对激烈的竞争，你应该不断地超越平庸，追求完美，你需要制定一个高于他人的标准，不仅仅要做公司要求你所做到的，更要做得非常完美。

很久很久以前，一位有钱人要出门远行，临行前他把仆人们叫到一起并把财产委托他们保管。依据他们每个人的能力，他给了第一个仆人十两银子，第二个仆人五两银子，第三个仆人二两银子。拿到十两银子的仆人把它用于经商并且赚到了十两银子。同样，拿到五两银子的仆人也赚到了五两银子。但是拿到二两银子的仆人却把它埋在了土里。

过了很长一段时间，他们的主人回来与他们结算。拿到十两银子的仆人带着另外十两银子来了。主人说："做得好！你是一个对很多事情充满自信的人。我会让你掌管更多的事情。现在就去享受你的奖赏吧。"

同样，拿到五两银子的仆人带着他另外的五两银子来了。主人说："做得好！你是一个对一些事情充满自信的人。我会让你掌管很多事情。现在就去享受你的奖赏吧。"

最后拿到二两银子的仆人来了，他说："主人，我知道你想成为一个强人，收获没有播种的土地。我很害怕，于是把钱埋在了地下。"主人回答道："又懒又缺德的人，你既然知道我想收获没有播种的土地，那么你就应该把钱存到银行家那里，以便我回来时能拿到我的那份利息，然后再把它给有十两银子的人。我要给那些已经拥有很多的人，使他们变得更富有；而对于那些一无所有的人，甚至他们有的也会被剥夺。"

这个仆人原以为自己会得到主人的赞赏，因为他没丢失主人给的那二两银子。在他看来，虽然没有使金钱增值，但也没丢失，就算是完成主人交代的任务了。然而他的主人却不这么认为。他不想让自己的仆人顺其自然，而是希望他们能主动些，变得更杰出些。

对于我们来说，顺其自然是平庸无奇的，也许不是一种失败，但也绝对不是成功。人类永远不能做到完美无缺，但是在我们不断增强自己的力量、不断提升自己的时候，我们对自己要求的标准会越来越高。这是人类精神的永恒本性。

如果你是一个渴望得到重用的员工，如果你希望让你的老板觉得你是不可取代的，一定要从内心决定做第一。这样在你的意识中你会有信心做到完美，你的个性也才会真正成熟起来。

超越平庸，选择完美。这是一句值得每个人铭记一生的格言。有无数人因为养成了轻视工作、马马虎虎的习惯，以及对手头工作敷衍了事的态度，终其一生处于社会底层，不能出类拔萃。

人类的历史，充满着由于疏忽、畏难、敷衍、偷懒、轻率而造成的可怕惨剧。不久前，在宾夕法尼亚的奥斯汀镇，因为筑堤工人没有照着设计去筑石基，结果堤岸溃决，全镇都被淹没，无数人死于非命。像这种因工作疏忽而引起悲剧的情况，在我们这片辽阔的土地上，随时都有可能发生。无论什么地方，都有人犯疏忽、敷衍、偷懒的错误。如果每个人都能凭着良心做事，并且不怕困难、不半途而废，那么非但可以减少不少的惨祸，而且可使每个人都具有高尚的人格。

养成了敷衍了事的恶习后，做起事来往往就会不诚实。这样，人们最终必定会轻视他的工作，从而轻视他的人品。粗劣的工作，就会造成粗劣的生活。工作是人们生活的一部分，做着粗劣的工作，不但使工作的效能降低，而且还会使人丧失做事的才能。所以，粗劣的工作，实在是摧毁理想、堕落生活、阻碍前进的仇敌。

许多员工做事不精益求精，只求差不多。尽管从表面看来，他们也很努力、很敬业，但结果总无法令人满意。那些需要众多人手的企业经营者，有时候会因员工无法或不愿意专心去做一件事而无奈。懒懒散散、漠不关心、马马虎虎的做事态度似乎已经变成常态，除非苦口婆心、威逼利诱或者奇迹出现，否则，没有人能一丝不苟地把事情办好。

一旦这种人成为领导，其恶习也必定会传染给下属——看到上司是一个马马虎虎的人，员工们就往往会竞相效仿，放松对自己的要求。这样一来，每个人的缺陷和弱点就会渗透到公司，影响整个事业的发展。如果他是作家，文章必定漏洞百出；如果他是一个管理者，部门工作必定一塌糊涂。

有一个管理上千名员工的经理，以前他不过是一家家具店的学徒工。“不要在这件事上浪费时间了，它是毫无价值和意义的！”他的老板常常对他说。这个学徒一有空闲，就琢磨修理家具，很快他就熟练地掌握了修理家具的精湛技术。他如此认真仔细，甚至连店主都觉得有些过分。不满足于良好状态，坚持每一件事都做到尽善尽美——这是他的工作习惯，也正是这种良好的习惯将这位年轻人推上一个又一个重要的位置。

有一位著名的雕塑家，以追求完美著称。有一阵，他的朋友每次去他那里，发现他都在忙于同一件雕塑作品。“我一直在给它修改润色。”他指着雕塑对朋友说，“你看，现在是不是更有光彩了？面部表情也柔和了许多，还有……这里的肌肉也显得比较强健有力了。”

“这些细小地方，别人不注意看，应该不会有太大的问题吧！”朋友心存疑惑地问他。这位雕塑家回答说：“你说得很对。但是，艺术的完美就是在于它的细节。”

当你工作时，应该这样要求自己：能做到最好就不要做到差不多；可以努力达到艺术家的水平，就不要甘心沦为一个平庸的工匠。

大部分青年，好像不知道职位的晋升，是建立在忠实履行日常工作职责的基础上的。只有尽职尽责地做好目前的工作，才能使他们渐渐地获得价值的提升。

相反，许多人在寻找自我发展机会时，常常这样问自己："做这种平凡乏味的工作，有什么希望呢？"可是，就是在极其平凡的职业中、极其低微的位置上，往往蕴藏着巨大的机会。只有把自己的工作做得比别人更完美、更迅速、更正确、更专注，调动自己全部的智力，从旧事中找出新方法来，才能引起别人的注意，使自己有发挥本领的机会，满足心中的愿望。

做完一件工作以后，应该这样说："我愿意做那份工作，我已竭尽全力、尽我所能来做那份工作，我更愿意听取人家对我的批评。"

成功者和失败者的分水岭在于：成功者无论做什么，都力求达到最佳境地，丝毫不会放松；成功者无论从事什么职业，都不会轻率疏忽。

你工作的质量往往会决定你生活的质量。在工作中你应该严格要求自己，能做到最好，就不能允许自己只做到次好；能完成百分之百，就不能只完成百分之九十九。不论你的工资是高还是低，你都应该保持这种良好的工作作风。每个人都应该把自己看成是一名杰出的艺术家，而不是一个平庸的工匠，应该永远带着热情和信心去工作。

坚持学习，提升职业竞争力

成功源自于自信，而自信则是产生于长期不断的学习积累。当今社会是一个快速发展与变革的社会，知识与信息的更新是如此之快，每个人都面临着越来越激烈的竞争，无论是企业的新员工还是老员工，要想成为职场中的佼佼者，势必需要不断学习，全面提升职业竞争力。

英国的一家公司被一家德国公司合并了，在兼并合同签订的当天，公司新的总裁就宣布："我们不会随意进行裁员，但是如果你的德语太差，无法和其他员工交流，那么，我们就不得不请你离开了。在这个周末，我们将进行一次德语考试，如果你考试及格，可以继续在这里工作；如果不能及格，那么很抱歉。"散会之后，公司内几乎所有的员工都拥向了图书馆，他们这个时候才意识到要赶快补习一下德语了。只有一位员工像平常一样，收拾好东西就直接回家了。同事们都认为他已经准备放弃这份工作了。但是令所有人都想不到的是，当考试结果出来以后，这个在大家眼中肯定没有希望的人却考了最高分。那天他不慌不忙地安然回家，却是早就胸有成竹。

原来，这位员工在大学刚毕业来到这家公司之后，就已经认识到自己身上有许多不足，若想在公司有所发展，必须要坚持学习，提高自己的能力。从那时起，他就有意识地开始不断提高自身能力。虽然平时的工作很忙，但是他坚持每天都要学习，提高自己。作为销售部的一位普通员工，他看到公司的德国客户很多，而自己却不懂德语，与客户的往来邮件、合同文本以及其他各种文件等都要公司的翻译帮忙，有时翻译不在或者兼顾不上的时候，自己的工作就要被迫停下来，鉴于此，他早早地就开始自学德语了。同时，为了在和客户沟通的时候能够把公司产品的技术特点介绍得更为详细、准确，他还虚心向技术部、产品研发部和市场部的同事们请教，学习相关的技术知识。

新上任的德国经理看到了他的能力，把他提升为部门主管。任何的成功都是需要时间的，而这个过程是要求我们在工作岗位上坚持下去，不停地积累。有人可能会说："工作那么忙，哪有时间去学习啊？"那么案例中的这名员工是如何解决学习与工作之间的矛盾的呢？就像他自己所说的那样："对于德语，只要每天学习一点点，一年下来就会收获颇丰。同样，我只要每天学会一个技术方面的小问题，用不了多长时间，我就能够熟练地把握大部分的技术。"

除了业务能力方面，应当不断学习提高的还应包括执行能力、人际交往能力、组织管理能力等。综合能力越强，个人的核心竞争力相应也将越强大。

梅萧岭在大学学的是营销专业，毕业的时候进入了一家服装企业。由于是新人，缺乏相关的工作经验和阅历，梅萧岭就花上几倍于别人的时间和心思去钻研业务，对于主管交代的任何一项工作，无论难度有多大，她都会想尽办法、全力以赴地去执行。因为如此踏实努力、勤奋好学，她很得领导的赏识。

不久，她所在的销售部门派梅萧岭协同采购部的同事到外地采购参展模特们所需要的各种配饰和装饰品。得到工作指示后，她就和采购部的同事驱车前往目的地了。到达目的地之后，梅萧岭和同事们就忙碌地奔走穿梭于各大商业广场之中。尽管忙碌了一天，腿酸背痛，饥肠辘辘，困乏交加，但仍因采购工作的烦琐及价格问题而奔波，直至晚上九点，他们还有三项采购任务没有完成。其他同事当晚准备就这样驱车返回，但是梅萧岭深知领导安排她此次协同采购的目的就是为了把好风格关，圆满完成任务，而此时采购任务还没有全部完成，因此她临时决定多留一天，并且将自己的决定向部门主管通电话请示，部门主管表示认同。

第二天，通过忙碌的奔波，梅萧岭顺利地完成了采购任务，并如期赶上了公司的参展活动。通过这次采购，部门主管以及公司老总对梅萧岭大加赞叹，表扬她处处为公司着想，执行能力强。现在一年多过去了，梅萧岭已经从一名普通的销售员成为了销售主管，薪水也比原来涨了好几倍。同事们说，从普通的销售员做到销售主管，通常需要三年的时间，而梅萧岭用一年的时间就做到了，如此快速的晋升在公司还是有史以来的第一次。

什么是执行能力？梅萧岭的经历就是最好的例证。如果一个人能够全力以赴地对待工作，并不断提高自己的执行能力，那么最终得益的不仅是企业和老板，更是为自己走向成功奠定了基础。

业务能力、执行能力、人际交往能力等，都是每一个职场中人、每一个员工需要不断学习提高的，除非你不想在公司有所作为、取得成功的桂冠。的确，只有不断学习、提升自己的各种能力，才能积累优势，在激烈的竞争中稳操胜券，在面临职业危机时从容不迫，在通往成功的路上越走越轻松！

第六章

找对方法，从平凡走向辉煌

找借口，还是找方法？

美国著名教育家、植物学家乔治·华盛顿·卡佛曾说过：“99%的人之所以做事失败，是因为他们有找借口的恶习。”不难发现，那些喜欢找借口的人，总是昧于事实，寻找那些令自己心安理得的借口，这就使自己失去了改正错误、不断提高自己的机会，更丧失了前进与成功的动力。

有这样一则寓言：有一只猫，总喜欢找借口来掩饰自己的过失。老鼠逃走了，同伴们劝它下次不要犹豫，速度一定要快，它则说：“其实我是看它太瘦了，等以后养肥了再吃也不迟。”它到河边捉鱼，被鲤鱼的尾巴打了一下，同伴想要看看它的脸有没有受伤，它哈哈大笑说：“我不是想捉它——捉它难道还不容易吗？我只不过是想要利用它的尾巴来给自己洗洗脸而已。”

后来，它掉进了河里，同伴们打算去救它，它又忙不迭地解释：“你们以为我是遇到危险了吗？不是的，其实我是在游泳……”话还没有说完，它就完全沉到了水里。

“我们还是走吧，”同伴们说，“它这会儿又在表演潜水了。”结果可想而知，这只总喜欢找借口的猫就这样淹死了。

这真的是一只可怜、可悲、可叹的猫。其实在我们周围，不也有许多和它相似、喜欢找借口的人吗？这些人总喜欢找理由掩饰自己的错误、辩解自己的失败、开脱自己的责任，他们总是这样自欺欺人，最终结果却是搬起石头砸了自己的脚，受伤害、遭损失的总是自己。

这就衍生出了我们所经常遇到的问题：在犯下错误的时候，在面临失败与挫折的时候，是勇于面对、分析原因，从而找出有效的方法，还是想要顾及颜面、“安抚”内心而寻找一些让自己心安理得的借口？

很多人都明白，借口如毒药，有着绵绵无语却又内在强劲的渗透力，如果习惯于借口，它就会肆无忌惮地损害我们原本健康积极的内心。可是明白归明白，人类思维总有着自己的特性。潜在的思维里，每个人都倾向于安稳、舒服、快乐的状态，而非不安、失落与痛苦。而借口正是遵循了人类思维的这种特性，有了借口，人们便不再为自己的错误而不安，不再为自己的失败而失落，不再为自己应担负的责任（罪责）而痛苦。于是，我们成了借口的阶下囚，不再主动分析问题、积极寻找方法解决问题……

其实，平凡和辉煌之间就是隔了“借口”这道鸿沟。在遇到难题的时候，如果你习惯于找借口、找理由，认为是客观条件不利所致，甚至以“天时地利不和”等借口搪塞，而不是寻求方法去解决实际问题，那么这只会加重难题，让你变得拖沓、推诿、没有效率，只能在平凡众生之中继续平凡着；如果你能够不为借口所麻痹，积极分析、思考，主动去找方法解决问题，那么跳跃过这一道鸿沟，迎接你的将是辉煌的成就与未来！

年轻时的李嘉诚曾在一家小公司里做推销员。有一次，他去推销一种塑料的洒水器，接连走了好几个办公楼都无人问津，大家都觉得这种物品可有可无，没有购买的必要。整整一个上午过去了，李嘉诚却是一点儿收获也没有，如果下午还是毫无进展，回去怎么向老板交代呢？尽管推销得不顺利，他还是不停地鼓励自己，给自己打气，精神抖擞、满脸笑容地走进了另一栋办公楼。

这次他并没有急着去推销产品，而是坐在一楼大厅仔细观察着楼内的布局、设施等。后来他观察到楼道里落有很多灰尘，灵机一动，他想到了一个好办法。他进了洗手间，往洒水器里装了一些水，将水均匀地洒在了楼道里。效果的确神奇，经他这么一洒，原来很脏的楼道一下变得干净起来，空气也明显清新了许多。这样一来，就引起了主管办公楼的有关人士的兴趣。而后，李嘉诚卖掉了十几台洒水器。

其实，在做推销员的整个过程中，李嘉诚都十分注重观察、分析和总结。他将香港划分为几片儿，对各片儿的人员结构仔细分析，深入了解哪一片儿的潜在客户最多，以便有的放矢地去推销，重点攻克，这样一来，他的工作就很有效率，所获得的收益自然要比别人多出了好几倍。

正是这种不找借口、找方法的正确思维，让李嘉诚化问题为机遇，踏失败而揽成功，成就其辉煌人生。

反观那些碌碌无为、毫无建树的人，多是习惯于找借口的人，出现问题时他们不是积极、主动地加以解决，而是千方百计地寻找看似合理的借口，拿借口做挡箭牌。如此一来，你就会疏于努力，你的工作就会拖沓、没有效率，与成功背道而驰，离辉煌越来越远。

小杨大学刚毕业，由于她学识不错，形象气质也很好，很幸运地进入了一家知名企业做秘书工作。

刚到公司的前几天，小杨都是早早地来到办公室，不光整理收拾老总的办公室，还帮同事们擦抹办公桌，深得大家的喜欢。但是没坚持几天，她就开始迟到，老总几次向她提出，她不是说“住得离公司太远，还没有来得及搬家”“路上堵车了”，就是说“身体不舒服，起床的时候耽搁了”，这样或那样的借口令老总对她的印象大打折扣。

有一天中午，老总安排她到北京大学去送一些材料，要跑三个单位，结果下午五点小杨风尘仆仆地回来了，还仅仅跑了一个。老总就问她是怎么回事，她解释说：“北大好大啊。我在传达室问了几次，才问到一个地方。”

老总不禁有些生气：“这三个单位也算是北大的著名单位了，你跑了一下午，怎么会只找到这一个单位呢？”

小杨急着辩解：“我真的去找了，不信你去问传达室的老大爷！”

这下老总心里更有气了：我去问传达室干什么？你自己没有找到单位，还叫老总去核实，这算怎么回事？

同事们也好心地帮她出主意：你可以打电话给北大的总机，问一问三个单位的电话，然后分别联系，问好具体怎么走之后再去；

你不是找到了其中的一个单位吗？你可以向这个单位的工作人员询问一下其他两家单位位置在哪儿，怎么走；

你还可以在进去学校之后，问一问里面的老师和学生……

谁知她一点也不理会同事的好心，继续焦急地辩解说：“我真的已经尽力了……”

就在这一瞬间，老总下了辞退她的决心：既然这已经是你尽力之后达到的水平——连一件小事都搞不定，想必你也不会有更高的水平了。那么只好请你离开公司了！

其实，像这个女孩一样，遇到问题不是想办法解决而是选择找借口推诿、辩解的人在职场中并不少见，而他们的命运也是显而易见——不能解决问题，无法完成工作，就只有被炒的下场。

真正优秀的员工不“擅长”编借口，他们热爱动脑筋，遇事善找方法，也能承担起责任来。他们也许没有超凡的能力，但是有超凡的心态，他们能积极创造机遇、抓住机遇，而不是一遭遇困境就退避三舍、寻找借口。在职场中，一个优秀的员工应该做到不找借口而找方法。这是一种负责的、敬业的工作精神，一种主动的、有活力的工作态度，一种积极的、全力以赴的执行力。这是无数商业精英奉行的理念，是众多领导欣赏的素质——只为成功找方法，不为失败找借口。

借口让我们暂时逃避了问题、困难和责任，心理上获得了暂时的慰藉，而从长远来看，会使我们养成拖延、推诿、不负责的习惯，使我们不思进取、消极颓废、浑浑噩噩，从而失去了个人成功的机会，最终一事无成、平凡庸碌。如果在面对问题时我们能够做到不找借口、不埋怨、不拖延，积极地寻求解决问题的方法，不仅可以取得阶段性的成功，更能不断超越自己，铸就辉煌人生。

一味忙碌，不如聪明地思考

一位牧师正在家里准备第二天的布道，妻子不在家，儿子吵吵闹闹，弄得他心神不宁，无法安心准备。焦急无奈的牧师随便拿起一幅地图，撕成碎片后递给儿子："如果你能把这些碎片拼成完整的地图，你就可以得到2角5分钱。"儿子乖乖地拿着碎片去玩了。谁知道，刚过了几分钟，儿子又跑回来了："爸爸，我来拿奖金了。"牧师非常惊讶，他以为拼这些碎纸至少得用去儿子大半天的时间，怎么会这么快？

看到父亲奇怪的表情，儿子狡黠一笑："这非常容易，因为地图的后面是一张照片，如果照片上的人是对的，那么地图也是正确的。爸爸，你不会想赖账吧？"故事的结尾使牧师大悟："人是对的，世界也是对的。"于是，他不再焦躁，而是认真地准备布道。实际上，这个小孩非常聪明，他找到了一个正确的方法。这也告诉我们，如果一个人的思维混乱、不明晰，他的世界就是混乱的，就不能清晰地思考并聪明地工作。

我们在解决问题或进行一项工作时，都应学会聪明地思考，认真思索、研究如何做是最省时省力的。这种聪明不是小诡计，而是少走弯路，在工作中充分释放自己的创造力。一味地忙忙碌碌不一定会解决问题、取得成功，除了勤奋地工作，更要有聪明的思考。无论看到什么，你都要多问为什么，把思考变成自己的习惯。如果你一味地忙碌而没有时间来思考少花时间和精力的方法，只怕是什么事也弄不好的。

日本最大的化妆品公司曾收到客户抱怨，买来的洗面皂盒子里面是空的。这家化妆品公司非常认真，他们本着“顾客就是上帝”“机会只有一次”的服务理念，让一大批技术人员研究一套可以预防此类事件再次发生的设备。这些工程师辛辛苦苦研制了一年，终于发明出来一台专门去透视刚生产出来的香皂盒的X光监视器，研究经费花了几千万日元。另外一家小公司也时常有这种问题产生，但没有那家化妆品公司财大气粗。小公司的全体员工冥思苦想了几天，终于靠智慧解决了问题。那就是买一台强力工业用电扇放在输送机末端，用电扇去吹每个香皂盒，被吹走的便是没放香皂的空盒。怎么样，够简单、也够聪明吧！

洛克菲勒曾经一再地告诫他的职员：“请你们不要忘了思索，就像不要忘了吃饭一样。”工作需要我们的勤奋和努力，除此之外，还需要我们聪明地思考。只有聪明地思考才能更快速高效地工作，如果你一味地忙碌、埋头苦干而不去思考，那是得不到事半功倍之效的。

有一次，日本的松下公司预备从新招聘的三名员工当中选出一名做市场策划。于是，这三名新员工例行上岗之前的“魔鬼练习”，接受对他们的考核。

松下公司将这三位男性从东京送往了广岛，让他们在广岛生活一天，按照最低标准给了他们每人一天的生活费用——2000日元，考核的标准是看他们最后谁剩下的钱多。

稍微有常识的小孩子都知道，在广岛生活一天，他们的钱能剩下几乎是不可能的，一罐乌龙茶的价格是300元，即使是一听可乐，也要200元，在最便宜的旅馆休息一夜则需要2000元……这就表示，他们手里的2000元钱仅仅够在旅馆里休息一夜，要么就别休息睡觉，要么就别吃饭，除非他们能通过这2000元生出更多的钱。可公司要求他们必须单独生存，不能联手合作，更不能给别人打工。

第一个先生看起来非常聪明，他花费500元购买了一副墨镜，用剩下的钱买了一把二手的吉他，来到广岛最繁华的地段——新干线售票大厅外的广场上，表演起了悲伤的“盲人卖艺”，小半天下来，他的大琴盒已经被满满的钞票覆盖了，收入颇丰，他感到非常得意，看来最后能剩下的钱一定不少。

第二个先生也非常聪明，他花了500元请人做了一个大箱子，上面写着：将核武器赶出地球——纪念广岛灾难40周年暨为加快广岛建设大募捐。他也将这个箱子摆在了最繁华的广场上。然后用剩余的钱雇了两个学生做现场宣传讲演，短短两个小时，还不到中午，他的大募捐箱就已经满了，其数目远远地超过了第一位先生。

第三个先生似乎是一个没有头脑的家伙，他看到这种情况以后反而不慌不忙，去忙自己的事情了。他做的第一件事就是找了一家小餐馆，要了一杯酒水、一份生鱼和一碗米饭，美美地吃了一顿，一下子就消费了1500元。然后他钻进了一辆被废弃的丰田汽车里酣畅地睡了一觉……

广岛的人真不错，两个先生——“盲人”和“募捐人”的“生意”都是异常红火，顾不得吃饭地忙碌了一天，他们的“财产”都很丰厚，他们对自己的聪明和不菲的收入不禁暗自窃喜。谁知道，傍晚时分，厄运降临到了他们头上，一名佩戴胸卡和袖标、腰挎手枪的城市稽查人员出现在广场上。这位稽查人员扔掉了“盲人”的墨镜、摔碎了“盲人”的吉他，撕破了“募捐人”的箱子、赶走了他所雇的学生，并没收了他们的全部“财产”，收缴了他们的身份证，最后还扬言要以欺诈罪起诉“盲人”和“募捐人”……

这下糟糕了，别说赚钱，就连原来的2000元都亏进去了。当他们想方设法借到了一点路费，饥肠辘辘、狼狈不堪地返回松下公司时，已经比规定的时间晚了整整一天，而更让他们羞愧的是，那个“稽查人员”正在公司里恭候他们！是的，“稽查人员”就是那个在餐馆里吃饭、在汽车里睡觉的第三位先生，他的投资就是花费150元做了一个袖标、一枚胸卡，用350元从一个拾垃圾的老人那里买了一把旧玩具手枪和一脸化妆用的络腮胡子。当然，还有就是花了1500元美美地吃了一顿饱饭。

这时，松下公司国际市场营销部课长宫地孝满走了进来，一本正经地对站在那里怔怔发呆的“盲人”和“募捐人”说：“要想生存发展，要想获得丰厚的利润，不仅仅要会吃市场，最重要的是懂得怎样吃掉市场的人。”

案例中的第一和第二位先生，顾不上吃饭，忙忙碌碌了一天，最后“财产”却悉数进了第三位先生的口袋。如果我们都能像案例中的第三位先生一样，学会聪明地思考，优化方法，一定会有可喜的结果。

李·艾柯卡在美国是一个家喻户晓的传奇式人物，曾担任过福特汽车公司的总裁，后又担任克莱斯勒汽车公司的总裁，把这家濒临倒闭的公司从危境中拯救过来，奇迹般地东山再起，使之成为全美第三大汽车公司。

1946年8月，21岁的艾柯卡到福特公司做了一名见习工程师，但是他对技术工作根本就提不起兴趣。他喜欢搞营销，而不是整天和那些冰冷没有感情的机器做伴。上司起初没有同意他的申请，不过后来由于他的坚持，公司妥协了，他成为了一名推销员。

经过坚持不懈的努力，1949年，艾柯卡成为了宾夕法尼亚州一个小地区的经理，他的主要任务就是同当地的汽车商取得密切合作。这是他一生中一个非常重要的阶段。在此期间，他受到了福特公司东海岸经理查理·比彻姆的深刻影响。

有一次，在本地区的13个小区中，艾柯卡的销售情况是最差的，为此他的情绪非常低落，查理拍拍他的肩膀说：“为什么要垂头丧气呢？总有人要得最后一名的，何必如此烦恼！”说完他走开了。不过他又回过头来告诉他：“但是请你听着，可不要连续两个月得最后一名，你要学会思考，用你的聪明和智慧去营销。”

查理走了之后，艾柯卡陷入了深深的沉思，他认真分析了自己业绩太差的原因。几天以后，艾柯卡终于想出了一个推销汽车的好办法：谁购买一辆1956年的福特汽车，只要先支付20%的货款，其余的部分每个月付56美元，3年付清就可以了。这样一来，一般的消费者都负担得起。艾柯卡把这个办法称为“花56美元买56型福特车”，并以此作为广告口号。这个广告口号像火箭一样快速地取得了很好的效果，深入人心，一时间，福特汽车大卖，艾柯卡的销量一下子跃居榜首。后来艾柯卡得到当时副总经理的赏识，副总将他的方法大力推广后，艾柯卡升到了销售主管的位置。

这种销售方法后来被广为流传，成为商界非常成功的案例与教材，很多房地产业也纷纷效仿。艾柯卡的这个方法的确够聪明，高效实用!

勤奋努力重要，学会动脑也很重要。无论是在市场竞争中，还是在日常工作中，一味忙碌，不如聪明地思考！如果能够细心观察，聪明地思考，一定可以尝到胜利的喜悦。

具备一定的应变能力

当你在面临一些突发事件时，是找借口逃避、溜之大吉，还是茫然无措地任由其发展，还是从容淡定地应对？这不仅取决于一个人的态度，更取决于一个人的应变能力。应变能力是当代人应当具备的基本生存能力之一，是我们在这个社会上立足的根本，也是能否取得成功的关键所在。

小张在一家公司做业务员，有一次到一家公司推销产品，他想面见这家公司的董事长，于是请求秘书帮忙转递自己的名片给董事长。名片到了董事长那里，他连看也没看，就让秘书把名片退还给了业务员。

虽然说小张常常碰到这种情况，也会有心理准备。但这一次他接到名片的时候心中有些不甘，于是请求秘书再帮忙转递一次。可是令人没有想到的是，这一次董事长看了之后二话没说，直接把名片就给撕碎了。可是，撕碎了之后，董事长又觉得自己未免太不礼貌了，有些不妥，于是就让秘书转交给业务员十块钱，传话出来："十块钱买你一张名片，这足够了吧！"

小张接过被撕坏的名片和十块钱，想都没想，便微笑着对秘书说："请您转告董事长先生，十块钱完全可以买到两张名片，这一张是我找给他的。”随即，小张又从自己的名片盒里掏出一张递给了秘书。秘书被他的笑容感动了，于是就帮他进去传话，没多久，办公室里传来一阵大笑：“这样的业务员，不和他谈生意，我还跟谁谈去呢？”后来，小张自然顺利地完成了他的任务。

人们都知道勤奋努力、坚持不懈就是胜利的道理，但是也不要忘记，应像案例中的小张一样具备一些应变的能力，这样才能在面临问题、遇到困难的时候，运用一定的技巧、通过合适的方法来达到目标，获得胜利。

某星级酒店的宴会厅正在举办规模盛大的宴会，因为此次宴会参加人数比较多，因此餐饮部不得不临时抽调了几名实习生前来帮忙。

席间，一切按照计划进行得非常顺利，客人们的欢声笑语不断。忽然，离主桌最远的一张桌前有一位女客发出了很响亮的尖叫声，宴会领班小马闻声赶去，发现那位女客的一身套装湿淋淋的，还有一些番茄酱渍染在领口，一个实习生手里托着倾翻的杯子和汤碗，脸色苍白，目瞪口呆，手足无措地站在一旁。看到这些，小马立即明白了一切。她一面安排另外几名服务员收拾被女客和那名实习生带落到地上的筷子、汤勺、酒杯等杂物，一面让一名女性服务员用身体挡住女客，将其护送出宴会厅。一路上，女客自然少不了埋怨声。不过由于处理及时，其余客人又开怀畅饮，重现热烈的气氛。

小马引领客人直接进了酒店的房间，让客人先淋浴，压压惊，她自己则到客房部暂借一套干净的酒店制服请女客先穿上。小马又转弯抹角地问清了女客的内衣尺寸，接着一个电话打到公关部，请同事以最快的速度到附近的大商场购买一套高档内衣。另派服务员将女客换下来的脏衣服送到洗衣房快洗。在这些工作分头进行的同时，小马已陪送梳洗、化妆完毕的女客到包间单独用餐了，并代表酒店向她表示真切的歉意。看到小马忙前忙后，女客慢慢恢复了平静。

此时，酒店经理正好来宴会敬酒，那名实习生主动把事情经过向他做了报告。后来，这名实习生随同经理一起来到女客单独就餐的包间，向女客郑重致歉，后来又特地向女客的上司表示深深的歉意。这一来，女客反而觉得不好意思了，她指了指自己身上的酒店制服，幽默地说："我也成了酒店的一员，自己人嘛，不要放在心上了。"

半个小时后，洗衣房已经把女客的衣服洗净烫平了，公关部的同事也早已买好了内衣。女客高高兴兴地换上自己的套装，还不时向小马和经理道谢。临出门时，小马还为她叫了一辆出租车……

小马的应变能力很值得赞扬，在不愉快的事情发生之后，她没有责怪临时调过来的实习生，而是沉着冷静、有条不紊地步步处理，与客房部、公关部、洗衣房等部门同事沟通协作，最终以实际行动逐渐缓解女客的愤懑，维护了酒店形象。

只有临危不乱、随机应变，才能化解问题于无形，需要斗智时则斗智，需要斗勇时则斗勇，需要转变时则转变。

有这样一个在全世界流传的古老故事。

故事发生在印度，当时印度还是英国的殖民地。一对英国夫妇在家举办宴会，客人非常多。席间，一位年轻女士正和一位上校进行激烈的讨论，她的观点是现在的妇女已经进步许多，不会再像以前那样见到只老鼠也要尖叫着跳起来。上校否定，碰到危险，妇女们总会一声尖叫，把事情搞砸，而男人会更有勇气，他们知道如何控制自己，冷静地对待危机。

其中一位美国学者保持缄默，突然，他注意到一个细节。他发现女主人露出奇怪的表情，两眼直视前方，显得十分紧张。很快，她招手叫来身后的一位男仆，对其一番耳语。仆人的双眼惊恐万分，他很快离开了房间。一会儿，男仆把一杯牛奶放在了门口。美国学者脸色变了——要知道，在印度，地上放一碗牛奶只代表一个意思——引诱一条蛇。这也就是说，这间屋子里肯定有一条毒蛇。他首先抬头看屋顶，那里是毒蛇经常出没的地方，可现在那儿光秃秃的，什么也没有；再看看饭厅的四个角，前三个角落都空空如也，第四个角落也站满了仆人，正忙着端菜；现在只剩下最后一个地方他还没看，那就是坐满客人的餐桌下面。

美国学者想赶紧跳开，并且警告别人也快跑，但是，他突然想到，如果贸然行动，肯定会惊动桌子底下的毒蛇，到时慌乱的毒蛇很可能会袭击人。想到这里，他没有动，而是给大家出了一道数独题，并且宣布在解决问题之前，大家不许走动、不许说话，而最先解决问题的人会得到一份精美的小礼物。

大家安安静静地忙碌起来，五分钟后，学者看到一条眼镜蛇向牛奶爬去，他飞快地跑过去，把门紧紧关上。蛇终于被关到外面，而室内发出了一阵尖叫。

男主人慨叹，正是一个男人，才能做出如此镇定的表现！

美国学者打断了他的感慨："且慢！"然后转向女主人，"请问您是怎么发现屋里有蛇的呢？"

女主人微微一笑："因为它是从我的脚背上爬过去的。"

如果不是女主人保持镇静，并及时做出以牛奶诱蛇出现的举措，后果不堪设想。在我们的工作中也是一样，在面临问题时，我们应当保持冷静，勇敢地面对，在关键时刻显示自己的胆略、勇气和镇静的气度。

我们应当试着培养、提高自己的应变能力。不管你接受的工作多么艰巨，千万别表现出你做不了或不知从何入手的样子。惊慌失措是职场中最忌讳的，沉着冷静、处变不惊、从容应对的人，才是职场中最终的胜利者。老板都欣赏临危不乱的职员，因为只有这种员工才有能力乘风破浪、独挑大梁。如果你有天塌下来都不怕的信心，那么出人头地必是指日可待。

达尔文的进化论说“物竞天择，适者生存”，意思就是说，环境是没有办法选择的，只有适应环境并且具有应变能力的物种才能生存下去。我们必须不断提高我们的应变能力，以求更好的进步与发展。

审时度势，懂得变通

“竹篮打水一场空”是千百年来被人们深信不疑的“定论”，然而，竹篮真的是白费力气，不可以打水吗？

有一只小猴子是猴群中公认的聪明者，似乎任何问题、任何困难都难不倒它。有一天，一只老猴子颇为不服气地对它说：“大家都说你很聪明，我看未必吧。如果你能用这个竹篮子给我打一篮子水回来，我就承认你很聪明，否则，请你告诉大家其实你是一只愚蠢的猴子。”

小猴子知道老猴子在有意刁难自己，都说“竹篮打水一场空”，自己又不是神仙，怎么能够用竹篮打到水呢？虽然这样想，但是不甘心认输的小猴子什么也没有说，拎着竹篮来到了小河边，它试着用竹篮子去打水，然而每次竹篮子刚从水里提出来，水就几乎漏了个精光。

小猴子不禁有些泄气，但是只要想到老猴子的话，就又不断地鼓励自己。它专心地盯着篮子看，看到那一个个缝隙，心想：要是能够把那些空隙都堵上就好了。霎时，小猴子的脑中灵光一现、计上心来，它摘了一片极大的荷叶铺在了竹篮里，这样水便漏不出来了。

老猴子看到之后，不禁目瞪口呆，而后直夸小猴子：“你的这个方法真不错，真不错！”

这只小猴子最终没有被所谓的“定论”束缚，通过认真观察、变通地处理问题，用竹篮子打回了水。

这对于我们有很好的启示，如果我们能够在工作中学会变通，审时度势地变换思考方式和解决问题的思路，很多问题都会迎刃而解。而偏偏有些人做事不懂变通，无论前进之路如何艰难，所遇到的问题如何棘手，却也不肯去思索、寻找轻松的方法和途径。其实，那些所谓的“定论”往往都是以一定的条件为前提的，少了这些条件，“定论”也就不是确定无疑的了。审时度势、懂得变通、综合运用一切可利用的条件，一些看似无法完成的任务完全可以圆满完成。

有一次，某地的电视台邀请了一位商界奇才做嘉宾，一起讨论财富之道。轮到他发言的时候，他说：“这样吧，我先给大家出一道题。某个地区发现了储藏量极为丰富的金矿，人们都争先恐后地要去金矿进行开采，然而，要想到达金矿的所在地，必须要经过一条大河，但是河上并没有摆渡的船。如果是你，你会怎么办呢？”

有人说直接游过去，有人说扎一个简单的小木筏……总之，说什么的都有。等大家终于安静下来的时候，他反问大家：“为什么一定要去开采金矿，为什么不买一条船开展营运呢？”

人们不禁愕然，这位嘉宾解释道：“其实在那样的情况下，买一条船开展营运是最容易赚钱的方法，只要你能让那些人过河，即使你宰得他们只剩下背心短裤，他们也会心甘情愿的，因为前面有金矿啊！”

审时度势，冷静思考，我们会发现：买船营运的确才是最好的选择，因为它能为我们带来财富是一件立竿见影的事情；而开采金矿，一是有大河挡道，二是有一大群竞争者，三是还存在一些未知的不确定的障碍与困难。如果将两者相比较，开采金矿要比买船营运致富的可能性小，风险大，获利也不一定比营运高。

无论是追求财富的过程中，还是在日常工作和生活中，我们一定要懂得随机应变、适时而改，多找思路、多一点变通。“变”则“通”，如果我们能够根据具体情况，转换思路，变换对策，那么财富之路、成功之路就会真的畅通许多。

一个犹太人走进了纽约的一家银行，来到贷款部，申请贷款。贷款部的经理告诉他，只要能够提供足够的担保，想贷多少钱都可以。犹太人从自己的豪华皮包里陆续取出了一大堆产权书、国债等，放在经理的写字台上，总共大概有100万美元左右。接着，他对经理说：“我想要用这些做担保，借一美元。你看够了吗？”

“当然，当然！不过，你真的只需要借一美元吗？”经理疑惑地看着眼前这个西装革履、满身名牌的怪人。“是的。”犹太人很肯定地说道，并从经理手中接过了一美元。

“年息为6%，只要您付出6%的利息，一年之后归还，我们就可以把这些都退还给您。”“谢谢。”犹太人说完就往外面走去。

一直在旁观看的行长，对于这个犹太人的行为也十分不解，为什么要用百万美元的身家做担保，只向银行借一美元呢？于是，他快速地追上去，对犹太人说：“先生，以你的担保，你可以借到70万、80万美元，甚至更多一点，我们也非常乐意为你效劳。”

犹太人微笑着拒绝了行长的好意，他说：“呵呵，其实是这样的，我的主要目的是把这些东西寄存在你们银行金库的保险箱里。在来这里之前，我已经仔细地咨询过了，保险箱的租金十分昂贵。而这种做法能够使我以最便宜的价格租用贵行的保险箱，一年才花6美分啊！”

这位犹太人的确很聪明，他没有被各种成规、习惯所束缚，通过对实际情况的研究比较，终于找到了金融危险最小、付出最少、却又能获得自己想要的回报的最佳“变通”方式。

只要善于观察，善于利用周围一切可利用的条件，解决问题的方法总是有的，同时也只有努力地去寻找方法解决问题，你才有可能成功，也才会有意想不到的惊喜。

杰克在一家建筑材料公司当业务员，公司目前最大的一个问题是如何讨账。公司的产品质量在业内是有口碑的，销路也非常好，但是产品销出去后，总是无法及时收到回款。

有一位客户，一共买了公司20万美元的产品，但总是以各种各样的理由迟迟不肯付款，公司曾经派了三批人去讨账，都没能拿到货款。杰克刚到公司上班不久，就和另外一位叫迈克的员工一起被派去进行第四次的讨账。他们软磨硬泡，使尽了浑身解数。最后，客户终于同意交付货款，并让他们过两天再来拿。两天之后，杰克和同事赶到客户的公司，客户那边的负责人给了他们一张20万美元的现金支票。

他们高高兴兴地拿着支票到银行去取钱，结果却被告知，这账上只有199800美元。很明显：客户又跟他们耍了个花招，他们给的是一张无法兑现的支票。而第二天就是圣诞节，要放假了，如果不及时拿到这笔货款，不知道又要拖延多久。

遇到这种情况，一般人可能一筹莫展了。但是杰克想了一会儿，从自己的皮包里拿出了200美元，让同去的同事赶紧存到客户公司的账户里去。这样一来，账户里就有了20万美元。杰克立即将这张支票兑了现。

当杰克带着这20万美元回到公司时，董事长对他大加赞赏，说他不为形势所迫，懂得适时变通，可堪重用。后来杰克在公司不断发展，凭其才能与智慧在5年之后当上了公司的副总经理，后来又当上了总经理。

审时度势，懂得变通，是做人做事之诀窍。在面对问题或困难时，我们要敢于打破常规，改变思路，充分发挥主观能动性，分析利用条件，达到解决问题、战胜困难的最终目的。

逆向思维——反其道而思之

逆向思维也叫求异思维，它是对司空见惯的似乎已成定论的事物或观点反过来思考的一种思维方式。北宋时期的政治家、文学家司马光就很善于逆向思维。幼年时的司马光，有一次和小伙伴们在院子里玩耍。院子里放着一口大水缸，有一个小孩儿爬到缸沿上玩耍，一不小心，掉到了大水缸里。缸大水深，眼看小伙伴快要没顶了，别的孩子吓得边哭边喊，跑到外面向大人求救。面对紧急险情，司马光急中生智，从地上捡起了一块大石头，使劲朝向水缸砸去，“砰”的一声，水缸破了，缸里的水哗哗地流了出来，被淹在水里的小孩也得救了。

有人落水，常规的思维模式是“救人离水”，司马光面对紧急险情，运用了逆向思维，反其道而思之，果断地用石头把缸砸破，“让水离人”，及时救出了小伙伴。

我们常说逆向思维（也叫求异思维），其实就是指对司空见惯的似乎已成定论的事物或观点反过来思考的一种思维方式。人们习惯于沿着事物发展的正方向去思考问题并寻求解决办法。但是对于某些问题，尤其是一些比较特殊的问题，以往的固定的思维方式无法提供给我们有效的解决方法，我们就需要让思维向对立面的方向发展，从问题的相反面深入地进行探索。简单来讲，就是从结论往回推，倒过来思考。

有一家人——夫妻两个和一个6岁的孩子，决定搬进城里居住，于是去找房子。

全家三口跑了整整一天，直到傍晚时分，才好不容易看到一张公寓外面张贴有出租的广告。他们赶紧跑去，房子出乎意料的好。于是，就上前敲门想要询问。这时，温和的房东——一位老人走了出来，对着这三位客人从上到下仔细地打量了一番。

丈夫鼓起勇气问道："请问您的房屋出租吗？"

房东遗憾地说："是的，不过实在对不起，我们的公寓不招有孩子的住户。"

丈夫和妻子听了，不禁很是泄气，一时又不知道如何是好，只好默默地走开了。

那个6岁的小孩子，把事情的经过从头至尾都瞧在了眼里。那纯真可爱、无拘无束的心在想：真的就没办法了？他那可爱的小手，又去敲房东的大门。

这时，丈夫和妻子已经走出了5米来远，都回头望着。

门开了，房东又出来了。这孩子精神抖擞地说："老爷爷，这个房子我租了。我没有孩子，我只带来了两个大人。"

老人听了之后，不禁高声笑了起来，决定把房子租给他们住

事实证明，运用逆向思维会使许多问题简单化，使问题得到快速而有效的解决。逆向思维——正是由于逆向而出奇，所以才有惊喜的制胜结果。

加里·沙克是一个有着犹太血统的老人，退休之后，他在一所学

校附近买了一所简陋的房子。住下的前几个星期还算安静，可是不久有三个小孩儿开始在附近踢垃圾桶闹着玩。

老人被这样的噪音吵得实在受不了，就出去跟小孩儿“谈判”。“你们玩得真开心。”他微笑着说，“我很喜欢看你们玩得这样高兴。如果你们每天都来这里踢垃圾桶，我将每天给你们每人一块钱。”

三个小孩儿显然非常高兴，更加卖力地表演自己的“足下功夫”。不料三天之后，老人忧愁地对他们说：“通货膨胀减少了我的收入，从明天开始，只能给你们每人五毛钱了。”

三个小孩儿显得不大开心，但还是接受了老人的条件。他们每天继续去踢老人房子外面的垃圾桶。一周之后，老人又对他们说：“最近我没有收到养老金支票，对不起，每天只能给你们两毛钱了。”“什么？两毛钱？”其中一个小孩儿脸色发青，“我们才不会为了区区两毛钱而浪费自己的宝贵时间在这里表演呢，我们不干了！”

从此以后，老人又过上了清静的日子。

在日常生活和工作中，利用常规思维难以解决的问题，通过逆向思维却可以轻松地破解。逆向思维可以使我们在多种解决问题的过程中获得最佳方法和途径。

当初美国伟克斯公司研制了一种有效治疗感冒的药物——“耐魁儿”，但它的缺点是容易让人产生昏昏欲睡之感。这个缺点令推销人员深感头痛，但有一位推销员以逆向思考的方式，提出了一个好点子——他将“耐魁儿”令人昏昏欲睡的缺点当作优点大打广告。他强调“耐魁儿”是第一种能在晚上睡前服用的感冒药品，它能有效克制喉咙的不舒适感而造成病人整夜无法入眠的困扰，让病人有一个安静的睡眠。此广告推出之后，这个产品名声大噪，成为该公司最为成功的药品，在同类药品的市场竞争中居领先的地位。

有一家时装店的经理不小心将一条高档呢裙烧了一个洞，这不禁使经理犯了愁：如果用织补法补救，也只能是蒙混过关，很可能会落得“欺骗顾客”的名声，可是如此高档的衣服弃之实在可惜。后来，这位经理突发奇想，干脆在小洞的周围又挖出了许多小洞，并精于修饰、加入一些图纹，将其命名为“凤尾裙”。一下子，“凤尾裙”销路顿开，该时装店也因为这别出心裁的“凤尾裙”出了名。逆向思维不仅挽回了可能遭受的损失，还为时装店带来了可观的经济效益。

其实，现在许多女性所钟爱的无跟袜，其诞生与“凤尾裙”有着异曲同工之处。因为袜跟容易磨破，一破也就等于毁了一双袜子，有人就运用逆向思维，成功地研制出了无跟袜，创造了非常好的商机。

1901年，在英国伦敦莱斯特广场的帝国音乐厅，一家生产车箱除尘器的美国工厂为伦敦市民举行了一次除尘表演。这种除尘器的工作原理就是用压缩空气把尘埃吹入容器内，但是这种除尘器的效果并不是很好，当时许多现场观众都被吹得灰头土脸，人们乘兴而来败兴而归。

参观了这场示范表演的英国土木工程师布斯认为，此法的确并不高明，虽然一定程度上能够解决尘土过多的问题，但是毕竟许多尘埃都没能被吹入容器。于是他动起了脑子，他想：“既然吹尘不能达到最好的效果，那么能不能换个方法把吹尘改为吸尘呢？”

回到家里以后，布斯做了一个很简单的试验：他用手帕蒙住自己的嘴巴和鼻子，然后趴在地上使劲儿吸气，结果灰尘不再到处飞扬，而是都被吸附到了手帕上。据此，布斯制成了除尘效果更好的吸尘器，即用强力电泵把空气吸入软管内，通过布袋将灰尘过滤。

1901年8月，布斯取得了吸尘器的专利，并成立了真空吸尘公司。根据当时的条件，布斯并没有出售吸尘器，而是用汽油发动机驱动的真空泵装在马车上，挨家挨户地进行服务，把三四条长长的软管从窗子伸进房间里吸尘，公司的所有职工都穿上工作服。这就是吸尘器的前身。

布斯打破了原有的思维方式，向其相反方向思考、研究，才最终能从吹尘器发展到效果更好的吸尘器。类似的还有丑陋玩具，依照传统的思维，小孩子都喜欢那些漂亮的洋娃娃，毛茸茸的动物玩偶，但是却有人反其道而行，专门生产丑陋玩具，同样销售极好。

布希耐是美国一家玩具公司的董事长，有一次他到郊外去散步，偶然看见几个小女孩正在兴致勃勃地玩一只肮脏而且异常丑陋的昆虫。看到小女孩儿们爱不释手的样子，布希耐灵机一动：现在市面上卖的都是一些看起来非常漂亮的玩具，假如生产一些丑陋玩具，又会怎么样呢？回到公司以后，布希耐马上组织人员进行调查、研究、设计，终于研制出了一套所谓的“丑陋玩具”，并迅速投放到了当地市场。

令人没有想到的是，丑陋玩具居然一炮走红，为公司带来了非常可观的经济效益，这让同行十分羡慕。于是“丑陋玩具”成为一种新兴的玩具概念而很快风行开来，如“疯球”就是在一串小球上面，印着许多丑陋不堪的面孔；又如橡皮做的“粗鲁陋夫”，长着一头枯黄毛躁的头发，一身绿色的皮肤和一双鼓胀而带血的眼睛，眨眼的时候还会发出非常难听的声音，等等。这些丑陋玩具的售价虽然比那些漂亮玩具的还要高，但是问世之后却一直畅销不衰，在美国还因此而掀起了一股“丑陋玩具”的热潮。

由此可见，逆向思维会使我们独辟蹊径，在别人没有注意、容易忽视的地方有所发现、有所建树，从而制胜于出人意料。逆向思维是极其宝贵的财富，它包含了对人们认识的挑战，对事物认识的深化，其价值、其意义之大无法想象。不管是在生活中，还是在工作中，我们应当自觉地运用逆向思维方法，以快速解决问题，创造更多的奇迹。

突破与创新，带来好方法

一个有创新能力的人，往往能够标新立异，出其不意地取得胜利。老板最青睐那些具有创新意识的员工，创新型员工与一般员工相比，最大的不同之处就在于没有那些呆板、守旧的思维习惯，所以他们才能突破发展中的种种阻碍，一路走向辉煌。

有一个厂子，长年生产一种衬衫。随着人们生活方式的改变，穿这种老式衬衫的人越来越少，而这家厂子衬衫的销路也越来越差，几年下来，厂子里积压了不少货。当他们想要转产的时候，却发现资金严重不足，甚至连工人的工资都发不出来，工厂已经面临破产的境地了。

这时，有一位年轻的技术员提议，把积压的白衬衫前后印上一些字，比如："你伤害了我""烦着呢！离我远点""退一步，海阔天空"……新潮的词汇加上"老式"的衬衫，这种鲜明的对比让衬衫别具特色。而年轻人有求奇求新的心态，这样做，"老衬衫"有可能成为时装衫。

当时，厂子里有很多人不看好这个创意，他们认为这只是旧瓶装新酒，不会有人买，到时候还会把本来能穿的衬衫变成废品，简直是一个笑话。厂长却很看好这个想法，决定先做出来一小部分投放市场。

很快，一批印有标语的衬衫投放市场了，让人惊喜的是，这些衬衫很快销售一空。于是，第二批、第三批印着个性标语的衬衫纷纷上市，并大量销售，一时间，无人问津的“老衬衫”变成了一种时尚服装，风靡全国。该厂积压的产品全都销售一空，当年赢利就达到几百万元。

这位年轻的技术员敢于突破，求创新，为企业赢得了效益，也最终为自己赢得了不断进步的人生。相信每一个员工都想拥有超凡的智力与创造力，可一旦到了真需要发挥我们创造性的时候，往往大多数人都会摇头叹息。或许你的创造力就在你这一摇头间消失了。

20世纪初，爱因斯坦从别人最不怀疑的概念入手，发现了相对论。你如果说“那是因为他这方面的知识渊博”，那就错了。要知道，他发现相对论时，年仅20多岁，只是一家专利机构的小专利员，而当时物理学界有着许多科学家，他们的知识都比爱因斯坦要丰富得多。

为什么偏偏是爱因斯坦这么一个小专利员发现了相对论呢？有人曾问过他这个问题，爱因斯坦是这么回答的：“我本人并没有特殊的天赋，有的只是持续的好奇心、专心致志和顽强的信念以及将它们与自我批评相结合。”

由此看来，天才也并非天生之才，他们也要有不断创新的意识以及顽强的信念，也要通过各种方法将自己的智力潜能发挥到极限。

麦当劳作为世界快餐业的巨头，遍布全世界六大洲百余个国家和地区，被企业界誉为没有国界的“麦当劳帝国”，而这个帝国的“国王”便是克洛克。

其实，麦当劳也曾面临过严重的危机。当时克洛克为了能够有效地解决危机，提出了“走动管理”，也就是利用60%以上的工作时间到各个公司、各个部门去深入调查。

克洛克经过深入的调查分析和思考，发现公司产生危机的一个很重要的原因是公司各部门的经理官僚主义思想严重，他们上班时习惯于舒服地靠在椅子上指手画脚、海阔天空地在一起聊天，把许多时间都耗费在了吞云吐雾和闲聊闲扯上。

克洛克为此坐卧不安、昼夜难眠，他清楚，下发一些老生常谈的文件或者板着脸教训经理们，都不是最好、最有效的办法。

为了给经理们敲一记警钟，打击他们的惰性心理，克洛克苦思冥想了几天，终于想出了一个绝妙的奇招。他向各地的麦当劳餐厅发出了一份紧急指示："把所有经理的椅背都锯掉！"并要他们立即执行。

经理们不禁大惑不解，但是克洛克的态度和指示是非常强硬的，没有任何可以商量的余地，经理们只好照办。而此后上班时，他们坐在没有了椅背的椅子上，没一会儿就得站起来走一走。终于，他们慢慢地悟出了"国王"的苦心，纷纷走出自己的办公室，深入各基层，仿效克洛克开展"走动管理"，及时地作出调整和创新，大大提高了工作效率，促进了公司的发展。

克洛克抛弃了以往那些老生常谈的文件或简单的训斥，提出了"走动管理"这一具有开创性的想法，这一创举最终使他达到了自己想要的效果。

有一家新成立的减肥中心，自从开张以来几乎是门可罗雀。主要原因是减肥市场的竞争实在是太激烈了。在资金不足的情况下，又不能像大型减肥美容公司一般大做电视、报纸广告，知名度不够，上门的客人自然就少了。

这可把减肥中心的老板急坏了，每天花费不少，钱却没赚多少，眼瞅着口袋里的钱被这冷清的生意给吞掉了，这可怎么办啊？这一天，老板站在门口盯着来来往往的路人，痛苦地想着，难道自己辛辛苦苦张罗起来的减肥中心就要关门大吉了吗？

忽然，一个念头跳进了她的大脑，她眼前一亮，就开始忙碌起来。

两个星期之后，这座城市多家报纸都刊登了这样一则广告："美美减肥，胖子进去，瘦子出来！速度快，效果明显！本店郑重承诺，在美美减肥店你看不到一个胖子出来，欢迎每天都来印证，如果有胖子从大门走出来，本减肥中心赠奖金五万块。"

当然，这个广告不仅被刊登在报纸上，还被印在传单上四处发放。广告吸引了很多人，有好奇的，有真想减肥的，美美减肥中心一下子门庭若市。而且确实像广告所说的那样，每天由大门走出来的都是瘦子，见不到一个胖子。

有些想找碴的人特意找了几个胖子，哼，让这些人进去，再马上走出来，看你怎么说！但还是没有一个胖子出来，这是怎么回事呢？人们暗暗纳闷。

其实，原因非常简单，玄机就在出口那里，聪明的女老板把大门改装成两个不同的出入口。在外面看，出入口的大小形状都一样，但是在出口的内层，加装了两道粗钢管，如果你想要出去，必须侧身从两道钢管中间穿过去，才能到达出口的大门。两道钢管的中间只能容纳一个侧过身的瘦子穿过去，胖子如果不想成为"卡门"，就要乖乖地从减肥中心后面的小门走出去。

美美减肥中心的生意火了，女老板美美地赚了一大笔。

说到女老板成功的原因无外乎那几个，一个是好奇的群众来推涨声势；二是人们在门口看不到胖子，就好奇地进入里面，当他想出来时，能出来的瘦子自然是开心地出来了，那些不能出来的胖子再一次加深认识：我该减肥了。在这种情况下，宣传人员绘声绘色的解说显得更有效果。当然，最重要的还是女老板别出心裁的点子，据说这个新奇的点子引起了多家媒体的报道，给这家减肥中心做了免费广告。

试想，这家减肥中心如果没有后来这种别出心裁的创新思路，在与大型减肥美容公司的竞争中是注定要失败的。是创新让它得以生存和发展下去。这个道理同样适用于其他任何一个中小企业，当然也包括大企业，如果不能够保证企业持久的创新力和竞争力，就很可能被淘汰。

当你构建好新的目标和远景后，就要选择合适的方法和手段，这样才能保证创新的顺利实施。所谓合适的方法和手段，就是指我们一定要根据问题提出相应的解决办法，而这个办法一定要是最有效的。

开启智慧，化问题为机会

一面硕大的镜子破碎了，你会怎么做？将所有的碎片丢掉，还是巧妙地加以利用？

在伊朗的德黑兰皇宫，你可以欣赏到这个世界上最漂亮、最迷人的马赛克建筑。皇宫的天花板和四周的墙壁看上去就像是由一颗颗璀璨夺目的钻石镶嵌而成的。可走近细看，你会惊讶地发现，这些流光溢彩、光彩夺目的“钻石”原来是普普通通的镜子碎片。

其实当初这座宫殿的设计者打算镶嵌在墙壁上的，并不是这些如同钻石一般的小碎片，而是一面面硕大的镜子。但是，当时镜子从国外运抵工地后，人们惊恐地发现这些镜子已经被打破了，承运人只能忍痛将这些破损不堪的镜子丢到垃圾堆，而后他把这个坏消息告诉了建筑设计师。

但令人惊讶的是，建筑设计师并没有因此大发雷霆，而是命令工人们把所有丢弃的镜子碎片重新捡回，并且雇了许多工匠将已经残破的碎片敲成了许许多多更小的碎片。一切就绪后，按照这名建筑设计师的构思，工人们把小小的碎片镶嵌到了墙壁和天花板上，于是残破的碎片就变成了耀眼的“钻石”，络绎不绝的参观者都会为设计师新奇而精巧的构思啧啧称奇。

残破不堪的碎片也可以化为完美无瑕、引人瞩目的艺术品，这样的创意实在令人称奇，同时我们也会对设计师的智慧赞叹不已！日常工作与生活中，我们总会面临这样那样的问题，我们又是否能够用碎片书写出美丽的传奇呢？其实，化问题为机会的创意无处不在，关键是看人们有没有善于思考的慧心，有没有善于发现的慧眼？

在一次著名的欧洲篮球锦标赛上，保加利亚队与捷克斯洛伐克队对阵。当比赛还剩下8秒钟时，保加利亚队以2分的优势领先。按照常理来讲，他们可以稳操胜券了，但是这场比赛采用的是循环制，必须超过5分才算取胜，但是想要在8秒钟的时间内再赢得3分，又谈何容易呢！

此时，许多观众都认为保加利亚队大势已去，被淘汰出局的命运已经注定了。然而就在此时，保加利亚队的教练突然请求暂停。这一举动在许多人看来根本就是在做无用功，他们认为，即使教练拥有回天之力，恐怕也很难改变结局。很多人都在摇头叹息，为保加利亚感到可惜，不少观众已经开始收拾座位准备离场而去。

暂停结束后，比赛继续进行。只见球场上出现了一个意想不到的局面：保加利亚队拿球的队员突然带球朝着自家篮筐的方向跑去，并且迅速起跳投篮，篮球应声入网。此时，全场鸦雀无声，观众被惊得目瞪口呆，比赛时间到了，正当大家觉得不可思议的时候。裁判员宣布双方打成平局，需要加时赛决一胜负，这时众人才恍然大悟，原来，保加利亚队出人意料的举动，是想创造一次起死回生的机会。

大家都为保加利亚队的教练欢呼，都被他的智慧所深深折服。加时赛的结果是，保加利亚队赢了6分，如愿以偿地出线了。这种出奇的做法到后来一直被人津津乐道。

西班牙谚语有云："使人发光的不是衣上的珠宝，而是心灵深处的智慧。”我们的生活、学习、工作离不开智慧的启迪，哪里有智慧，哪里就有道路。人生难免会遇到一些难题，我们应当发挥主观能动性，运用智慧化问题为机会。

休·比弗是英国吉尼斯啤酒厂的总经理，节假日的时候他喜欢约上朋友一起去打猎。对于自己的枪法，他十分满意，经常在朋友们面前吹嘘，说自己可以打到任何猎物。

有一次，他和朋友打猎时发现一种鸟儿飞得特别快，朋友们就和比弗打赌，看他能否一枪射中这种鸟。结果比弗连开了几枪，连一只也没有打中，于是朋友对他的枪法嘲笑了一番，还开玩笑地说他是一个爱说大话、喜欢自吹自擂的人。

比弗认为这不是因为他的枪法不好，而是这种鸟飞得实在太快了，但是朋友们却不这样认为，激烈的争执之下，比弗开始认真了。为了证明自己的说法是正确的，打猎回来之后，比弗就找出了《百科知识》之类的书翻找查阅，他想通过书中的记载让朋友们心服口服，但令他泄气的是，花了大量的时间和精力，却没有得到任何有价值的资料，没有一本书提及鸟类飞行的速度问题。

比弗真的很失望，如果找不到证据证明自己的说法是正确的，那样就说服、反驳不了朋友的观点。

此时，比弗灵感突发，他心想，既然世界上没有一本书记载鸟类飞行的速度，为什么自己不编一本这样的书呢？他相信这本书出来以后一定能为人们带来许多参考。

通过朋友介绍，他聘请了一对孪生兄弟诺里斯·麦克沃特和罗斯·麦克沃特担任此书的编辑。努力一年后，即1955年，比弗的想法变成了现实，他们编出了第一本样书，比弗把它取名为《吉尼斯世界纪录大全》。

这本书一上市就受到了广大读者的欢迎，当年圣诞节前即荣登英国畅销书榜首。从那时起，《吉尼斯世界纪录大全》就成为家喻户晓的名字，成为了全球纪录的领导者。没有哪家别的公司能收集、认证并提供如此丰富、权威的有关世界纪录的资讯。该书平均每年出一版，被翻译成21种文字，发行量达到约4000万册，成为世界上最畅销的书之一。比弗因此成为一个富翁。

这些难以解决的问题或困难——其实是对我们最好的提示：应该开启你的智慧了，把握这改变命运、迎接辉煌的机会！

在大洋深处，有一个海岛上有很多生长多年的大颗珍珠，这些珍珠都非常昂贵，可是谁都无法找到它们。这是因为人们无法接近这个海岛，只有栖息在海岸附近的海鸟能往来于这个岛与海岸之间。

于是，很多人带着枪支弹药捕杀飞回岸边的海鸟，因为这种海鸟每到白天都会飞到岛上，去吃亮如明月的珍珠。在人们的捕杀下，时间长了，海鸟渐渐稀少了，剩下的一部分也过得胆战心惊，只要看到人的踪影就会远远地逃走。

这一下，人们想要获得珍珠就更难了。后来，来了一个聪明的商人，他在海岸附近买下了大片的树林，并在树林周围圈上栅栏，不许闲杂人走进他的林子。同时，他严厉告诫仆人，不许在树林里捕捉或驱赶海鸟，更不许放枪惊吓海鸟。于是，当海岸其他地方的枪声一响，就会有海鸟惊慌失措地闯进他的树林。时间一长，海鸟渐渐地都留在了他的树林里栖息，就这样，来的海鸟越来越多。

海鸟在他的树林逐渐安定下来的时候，商人开始用各种粮食和果实做成味道鲜美的食物，喂给这些海鸟吃。海鸟贪吃美味食物，就把肚里的珍珠排泄出来。商人因此发了大财。

在海鸟对人类已然非常恐惧的情况下，想要取得珍珠无疑是一件非常困难的事情，而聪明的商人正是利用海鸟害怕人类、枪声这一点，成功地诱使海鸟飞入安静的树林，为自己赢得了获取珍珠的机会。

许多人认为，机会是上天的恩赐，总是悄无声息地降落在具有辉煌成就的成功者身上，真的是这样吗？在智者看来，有问题存在的地方，也必定存在着机会，越是巨大的问题，往往越蕴含着巨大的机会。他们善用智慧，懂得最大限度地发掘自己的聪明才智，从而能够从问题中发现、创造机会，成就自己的辉煌人生！

第七章

忠诚无价，
它比黄金更重要

老板不会喜欢找借口的人

在这个世界上，并不缺乏有能力的人，那种既有能力又忠诚的人，才是每一个企业希求的最理想的人才。人们宁愿信任一个虽然能力差一些却足够忠诚敬业的人，而不愿重用一个总找借口、视工作为无物的人，哪怕他能力非凡。

如果你是老板，你肯定也会这样做的。生活中，不乏有很多这样的年轻人，干活的时候敷衍了事，做一天和尚撞一天钟，从来不愿多做一点儿工作，但到了玩乐的时候却是兴致万丈，得意的时候春风满面，领工资的时候争先恐后。比如，修好掉了一颗螺丝的办公桌抽屉，帮老板把几箱货物放在该放的地方，随时记下几笔零碎的账目，这些都只不过是举手之劳，却可以给老板省下很多时间、金钱，但有些人就是不愿意这样做。试想一下，如果是自己的生意、自己的公司，对于这样的小问题或其他的大事情，你会袖手旁观、置之不理吗？答案当然是不会。那么受人所雇，难道就不应当尽力而为了吗？有些人做事马马虎虎、懒懒散散，因为他们觉得即使做事兢兢业业也得不到什么好处，那么这可真应该读一下有关一个有着忠诚和奉献精神的仆人的故事。

一位马耳他王子在路过一间公寓时看到他的一个仆人正紧紧地抱

着主人的一双拖鞋睡觉，他上去试图把那双拖鞋拽出来，却把仆人惊醒了。这件事给这位王子留下了很深的印象，他立即得出结论：对小事都如此小心的人一定很忠诚，可以委以重任，所以他便把那个仆人升为自己的贴身侍卫，结果证明这位王子的判断是正确的。那个年轻人的确很聪明又踏实，很快升到了事务处，又一步一步当上了马耳他的军队司令。

那些喜欢发牢骚、抱怨的人曾经都有过梦想，却始终无法实现。为什么呢？因为他们有找借口的毛病。

一位面临着失业危险的中年人来到朋友的办公室，他讲话时神情激昂，抱怨公司老板不愿意给自己机会。

“那么你为什么不自己去争取呢？”朋友问他。

“我也曾经争取过，但是我不认为那是一种机会。”他依然义愤填膺。

“能告诉我那是什么吗？”

“前些日子，公司派我去海外营业部，但是我觉得像我这样的年纪，怎么能经受如此折腾呢？”

“为什么你会认为这是一种折腾，而不是一个机会呢？”

“难道你看不出来吗？公司本部有那么多职位，却让我去如此遥远的地方。我有心脏病，这一点公司所有的人都知道。”

我们无法确认是否公司所有的人都知道这位先生有心脏病，如果有的话，倒是真的希望他肝火不要那么旺。而大多数人也更倾向于认为他犯了一种严重的职业病：推诿病。

与之截然相反的是体育界的成功者罗杰·布莱克。他的杰出并不在于他令人瞩目的竞技成绩——他曾经获得奥林匹克运动会400米银牌和世界锦标赛400米接力赛金牌。而更让人心生触动的是，所有的成绩都是在他患有心脏病的情况下取得的。除了家人、亲密的朋友和医生等仅有的几个人知道其病情外，他没有向外界公布任何消息。

带着心脏病从事这种大运动量的竞技项目，不仅很难有出色的发挥，而且有可能危及生命。第一次获得银牌后，他对自己并不满意。如果他告诉人们自己真实的身体状况，运动生涯半途而废，也会获得人们的理解的。但是罗杰却说："我不想小题大做。即使我失败了，也不想将疾病当成自己的借口。"作为世界级的运动员，这种精神一直存在于他的整个职业生涯中。

那些认为自己缺乏机会的人，往往是在为自己的失败寻找借口。成功者不善于也不需要编织任何借口，因为他们能为自己的行为和目标负责，也能享受自己努力的成果。

借口总是在人们的耳旁窃窃私语，告诉自己因为某原因而不能做某事，久而久之我们甚至会潜意识地认为这是"理智的声音""合情合理的解释"。假如你也有此类情况，那么请你做一个实验，每当你使用"理由"一词时，请用"借口"来替代它，也许你会发现自己再也无法心安理得了。

有一次，一位小职员对朋友抱怨说："对于老板交给我的那件事，我不做是有原因的。"朋友则回应他说："是的，如果你想给自己找借口的话。"

"不，这不是借口，而是理由。你不知道，我的那位老板啊，总是安排这样难啃的骨头给我。"他急切地辩解道，接着他又详细地阐述了一大堆这个理由的真实性、合理性以及他是多么值得同情与理解……

听着他滔滔不绝的阐述，朋友说道："此时你是多么健谈、多么精力旺盛，如果你能把这份精力放在工作中就好了！"

一个人在面临挑战时，总会为自己未能实现某种目标找出无数个理由。其实，正确的做法是，抛弃所有的借口，服从上司或老板的安排，积极解决工作中所遇到的问题。二者之间的区别就在于态度，你选择哪一种呢？现在的企业越来越小型化，竞争越来越激烈，如果雇员和老板之间彼此针锋相对，互不谅解，自然无暇抗拒来自外部的竞争。“皮之不存，毛将焉附？”只有愚蠢的员工才会处处找借口、耗费大量的精力去和老板争斗，聪明优秀的员工会服从老板的安排，与老板保持一致，因为他们已经开始意识到以下的变化趋势：

1.个人的利益与公司利益、老板利益正紧密地结合在一起，只有企业发展壮大了，员工的个人利益才能得到可靠的保证。

2.员工个人才华的有效发挥越来越离不开老板。只有在企业中找到自己合适的工作平台，才能尽可能地施展出所学与专长。

3.员工个人的事业发展也离不开老板。员工如果处处从老板的角度为其着想，在工作上竭尽所能，也就有可能在个人的事业发展上有所建树，有所成就。

在一个各种制度完善的公司里，每一个员工的升迁都来自个人的努力，老板所能做的只是考察哪些人有资格获得奖励和晋升。有实力的员工都有公平竞争的机会，也正是因为如此，员工才能够感觉到自己与公司是一个整体。的确，真正意义上的员工与老板的关系，绝不是天生的一对冤家，而应是互惠互利、创造双赢的合作者。

忠诚是一种智慧

忠诚是人类最重要的美德。那些忠诚于老板、忠诚于企业的员工，都是努力工作、绝对服从、不找任何借口的员工。如果说勤奋、责任像金子一样珍贵的话，那么还有一种东西更为珍贵，那就是忠诚。

忠诚于公司，从某种意义上讲，就是忠诚于自己的事业，就是以不同的方式为一种事业做出贡献。忠诚体现在工作主动、责任心强、细致周到地体察老板和上司的意图。忠诚还有一个最重要的特征，就是不以此作为寻求回报的筹码，从而让领导更放心、让公司更辉煌、让自己更优秀。

克拉克现在在公司是副总经理职位，但是在多年前刚毕业时，他却在半年内都没有找到合适的工作。那时没有收入来源的他因为生活的窘迫而不得不降低要求，选择了一家小公司工作——就是他目前所在的公司。

那时，公司的规模还很小，只有十几个人，办公场所、办公环境给人的印象几乎就像是在贫民窟里。克拉克当时在公司是一名普通的营销人员。对于老板，克拉克还是很敬重的，毕竟是他为自己提供了一份工作，保证自己有着虽然不多却稳定的收入，而且老板很有商业头脑，只是苦于公司刚起步，一切都不那么如意。

后来，公司想要开发更多的市场，但是由于财力、人力不足，每个市场只派了一个人。克拉克就被派到了另外一个城市。

孤身一人在这个城市中，还要克服种种困难开拓新市场，克拉克可谓吃尽了苦头。好在他心态平和，并时刻感念公司给了他工作与发展的机会，因此对公司竭尽忠诚，努力奋斗。没有过多的资金租住像样的办公室，他就租住当地人闲置的车库，车库里没有电灯，即使是白天也伸手不见五指；没有钱坐车，他就步行，挨家挨户地去推销公司的产品；公司连产品的宣传资料都无法供应，他就买复印纸，晚上的时候自己动手写；很多时候，为了准时地会见约好的客户，克拉克都顾不上吃饭，还因此患上了令人头疼的胃病……

不仅资金不足、物质匮乏，这个地区的气候也是恶劣异常，春天经常会有沙尘暴，夏天则时常下冰雹，冬天又是冻雨连连，这对苦难重重下的克拉克来说无疑是巨大的考验。甚至有一次，克拉克不留神差点被冰雹击晕过去。

面对如此境况，克拉克丝毫没有动摇，没有退缩，他是这样说的："我必须忠诚于我所从事的这份工作，必须忠诚于我的公司和老板。"一年以后，被派到全国各地的营销人员都回来了。其中有七个人早已不堪忍受工作的苦累、条件的艰难而悄悄地离职了，只有克拉克最终坚持了下来，而且是做得最好的一个。

最好的员工当然会有最好的回报，克拉克被任命为部门主管。两年之后，他被提升为市场总监，现在克拉克又晋升为副总，而这时的公司已经发展成为拥有上千人的中型企业了。

员工的忠诚可以为企业创造价值，可以增强老板的成就感和自信心，可以增强集体的竞争力，使公司更兴旺发达。因此，许多老板在用人时，既要考察其能力，更看重个人品质，而品质最关键的就是忠诚。一个忠诚的人十分难得，一个既忠诚又有能力的人更是难求。忠诚的人无论能力大小，老板都会给予重用，这样的人走到哪里都有一扇扇大门向他们敞开。相反，能力再强，如果缺乏忠诚，也往往被人拒之门外。

人一生恐怕要走几条路，才能到达自己想要到达的地方。从职业的角度来看，难免要调换几种工作。但是这种转换必须依托于整体的人生规划。盲目跳槽，虽然在新公司收入能有所增加，但是，一旦养成了这种习惯，跳槽不再是目的，而成为了一种惯性。

著名银行家克拉斯年轻时也不断在变动工作，但是他始终抱有一种理想——想管理一家大银行。他曾经做过交易所的职员，木料公司的统计员、簿记员、收账员、折扣计算员、簿记主任、出纳员、收银员等，试了一样又一样，最后才接近自己的目标。他说："一个人可以有几条不同路径达到自己的目的地。如果能在一个机构里学到自己所需的一切学识和经验当然很好，但大多数情况下需要经常变化自己的工作环境。面对这种情况，我认为他必须懂得自己想做什么，为什么要这样做。"

"如果我换工作仅仅是为了每周多赚几块钱，恐怕我的将来早为现在而牺牲了……我之所以换工作，完全是因为现在的公司和老板无法再给我带来更多的教益了。"

"此处不留爷，自有留爷处。"人们在跳槽时如此潇洒，但是真正面对工作时又是如此无奈。一个频繁转换工作的人，在经历了多次跳槽后，发现自己不知不觉中形成了一种习惯：工作中遇到困难想跳槽；人际关系紧张也想跳槽；看见好工作（无非是多挣几个钱）想跳槽；有时甚至莫名其妙就是想跳槽，总觉得下一个工作才是最好的，似乎一切问题都可以用转移阵地来解决。这种感觉使人常常产生跳槽的冲动，甚至完全不负责任地一走了之。

久而久之，自己不再勇于面对现实，积极主动克服困难了，而是在一些冠冕堂皇的理由下回避、退缩。这些理由无非是不符合自己的兴趣爱好啦、老板不重视啦、命运不济啦、怀才不遇啦、别人不理解啦等等，幻想着跳一个新的单位后所有问题都迎刃而解了。

现在很多年轻人丧失了成就事业最宝贵的忠诚，变得心浮气躁，凡事浅尝辄止，遇难而退，这山望着那山高，空有远大理想，无心执着追求。许多公司花费了大量资源对年轻的员工进行培训，然而当这些年轻人积累了一定的工作经验后，往往一走了之，有些甚至不辞而别。那些留在公司的员工则整天抱怨公司和老板无法提供良好的工作环境，将所有责任全部归咎于老板。但是，我们可以发现，在管理机制良好的公司，跳槽现象也频繁发生，员工同样也不安分。这不得不使我们将视线转移到员工本身的心态上来。结果发现，大多数情况下，跳槽并非公司和老板的责任，更多在于员工对于自身目标以及现状缺乏正确的认识。他们过高估计了自身的实力，以及对那些向他们频频招手的公司抱有过高的期望。

当这种风气蔓延到整个商业领域时，许多具有一定忠诚度的员工也受到传染而投入跳槽大军中，使整个职业环境继续恶化。缺乏忠诚度，频繁地跳槽直接受到损害的是企业，但从更深层次的角度看，对员工的伤害更深。无论是个人资源的积累，还是所养成的“这山望着那山高”的习惯，都使员工价值有所降低。这些人对自己的内心需求没有认真地反思，对自己奋斗的目标没有清晰的认识，自然无法选择自己的发展方向。

所以说，忠诚是一种智慧。盲目地转换工作不利于企业发展，更不利于个人的长远发展。每一个人都应该对“忠诚”保有一份清醒的认识，以此筹码为自己博取更多的财富！

怀着感恩之心工作

无数研究证明，成功的人大多是懂得感恩的人。这个其实很好理解，你只有对这个世界充满感恩之情，心情愉快地工作，世界才会很好地回报于你。生而为人，要感谢父母的恩惠，感谢师长的恩惠，感谢国家的恩惠，感谢大众的恩惠；没有父母养育，没有师长教诲，没有国家爱护，没有大众助益，我们何能存于天地之间？所以，感恩不但是美德，更是一个人之所以为人的基本条件！

今时今日，有些年轻人备受父母的呵护和师长的指导。他们对世界未有一丝贡献，却牢骚满腹，抱怨不已，看这不对，看那不好，视恩义如草芥，只知仰承天地的甘露之恩，不知道回馈，足见其内心的贫乏。

而有些中年人，虽有国家的栽培、老板的提携，自己尚未能发挥所长，贡献于社会，却也不满现实，有诸多委屈，总是愤愤不平，好像别人都对他不起似的。因此，在家庭里，难以成为善良的家长；在社会上，也难以成为称职的员工。

羔羊跪乳，乌鸦反哺，说明动物尚且感恩，何况我们作为万物之灵的人类呢？我们从家庭到学校，从学校到社会，重要的是要有感恩之心。我们教导子弟，从小就要他知道所谓“一粥一饭，当思来之不易；一丝一缕，应知物力维艰”，目的就是要他懂得感恩。

感恩已经成为一种普遍的社会道德。然而，人们可以为一个陌路人的点滴帮助而感激不尽，却无视朝夕相处的老板的种种恩惠。将一切视之为理所当然，视之为纯粹的商业交换关系，这是许多公司老板和员工之间矛盾紧张的原因之一。的确，雇用和被雇用是一种契约关系，但是在这种契约关系背后，难道就没有一点同情和感恩的成分吗？老板和员工之间并非是对立的，从商业的角度来看，也许是一种合作共赢的关系；从情感的角度，也许有一份亲情和友谊。

你是否曾想过写一张字条给上司，告诉他你是多么热爱自己的工作，多么感谢工作中获得的机会？这种深具创意的感谢方式，一定会让他注意到你，甚至可能提拔你。感恩是会传染的，老板也同样会以具体的方式来表达他的谢意，感谢你所提供的服务。

不要忘了感谢你周围的人——你的老板和同事。因为他们了解你、支持你。大声说出你的感谢，让他们知道你感激他们的信任和帮助。请注意，一定要说出来，并且要经常说！这样可以增强公司的凝聚力。

永远都需要感谢。推销员遭到拒绝时，应该感谢顾客耐心听完自己的解说。这样才有下一次惠顾的机会。老板批评你时，应该感谢他给予的种种教诲。感恩不花一分钱，却是一项重大的投资，对于未来极有助益。

真正的感恩应该是真诚的、发自内心的感激，而不是为了某种目的迎合他人而表现出的虚情假意。与溜须拍马不同，感恩是自然的情感流露，是不求回报的。一些人从内心深处感激自己的老板，但是由于惧怕流言蜚语，而将感激之情隐藏在心中，甚至刻意地疏离老板，以表自己的清白。这种想法是何等幼稚啊！如果我们能从内心深处意识到，正是因为老板费尽心机地工作，公司才有今天的发展；正是因为老板的谆谆教诲，我们才有所进步，才会心中坦荡，又何必去担心他人的流言蜚语呢？

感恩并不仅仅有利于公司和老板。对于个人来说，感恩是富裕的人生。它是一种深刻的感受，能够增强个人的魅力，开启神奇的力量之门，发掘出无穷的智慧。感恩也像其他受人欢迎的特质一样，是一种习惯和态度。

感恩和慈悲是近亲。时常怀有感恩的心情，你会变得更谦和、可敬且高尚。每天都用几分钟时间，为自己能有幸成为公司的一员而感恩，为自己能遇到这样一位老板而感恩。所有的事情都是相对的，不论你遭遇多么恶劣的情况。

“谢谢你”“我很感激你”，这些话应该经常挂在嘴边。以特别的方式表达你的感谢之意，付出你的时间和心力，为公司为老板更加勤奋地工作，比物质的礼物更可贵。

当你的努力和感恩并没有得到相应的回报，当你准备辞职调换一份工作时，同样也要心怀感激之情。每一份工作、每一个老板都不是尽善尽美的。在辞职前仔细想一想，自己曾经从事过的每一份工作，多少都存在着宝贵的经验与资源。失败的沮丧、自我成长的喜悦、严厉的老板、温馨的工作伙伴、值得感谢的客户……这些都是人生中值得学习的经验。如果你每天能带着一颗感恩的心去工作，相信工作时的心情也是愉快而积极的。

不要站在老板的对立面

如果你为一个人工作，如果他付给你薪水，那么你就应该真诚地、负责地为他干，称赞他、感激他，支持他的立场，和他所代表的机构站在一起。

只要你还是某一机构中的一员，就应当在工作时投入自己的忠诚和责任心！将身心彻底融入公司，尽职尽责，处处为公司着想，对投资人承担风险的勇气报以钦佩，理解管理者的压力，那么任何一个老板都会视你为公司的栋梁。

在这样一个竞争的时代，谋求个人利益、自我实现是天经地义的。但是，遗憾的是很多人没有意识到个性解放、自我实现与忠诚和敬业并不是对立的，而是相辅相成、缺一不可的。许多年轻人以玩世不恭的姿态对待工作，他们频繁跳槽，觉得自己工作是在出卖劳动力；他们蔑视敬业精神，嘲讽忠诚，将其视为老板盘剥、愚弄下属的手段。他们认为自己之所以工作，不过是迫于生计的需要。

贫苦是不值得推介的，但并非所有的老板都是贪婪者、专横者，就像并非所有的人都是善良者一样。对于老板而言，公司的生存和发展需要职员的敬业和服从；对于员工来说，需要的是丰厚的物质报酬和精神上的成就感。从表面上看，彼此之间存在着对立性，但是，在更高的层面，两者又是和谐统一的。公司需要忠诚和有能力的员工业务才能进行；员工必须依赖公司的业务平台才能发挥自己的聪明才智。

为了自己的利益，每个老板只会保留那些最佳的员工，那些懂得服从，能够忠实地完成上司交付的任务而没有任何借口和抱怨的人。同样，也是为了自己的利益，每个员工都应该意识到自己与公司的利益是一致的，并且全力以赴努力去工作。只有这样，才能获得老板的信任，并最终获得自己的利益。

许多公司在招聘员工时，除了能力以外，个人品行是最重要的评估标准。没有品行的人不能用，也不值得培养，因为他们根本无法认真负责地工作。

也许你的上司是一个心胸狭隘的人，不能理解你的真诚，不珍惜你的忠心，那么也不要因此而产生抵触情绪，将自己与公司和老板对立起来。不要太在意老板对你的评价，他们也是有缺陷的普通人，也可能因为太主观而无法对你作出客观的判断，这个时候你应该学会自我肯定。只要你竭尽所能，做到问心无愧，你的能力一定会得到提高，你的经验一定会丰富起来，你的心胸会变得更加开阔。

“老板是靠不住的！”这种说法也许并非没有道理，但是，这并不意味着老板和员工从本质上就是对立的。情感需要依靠理智才能保持稳定。老板和员工关系也只有建立在一种制度上才能和谐统一。在一个管理制度健全的企业中，所有升迁都是凭借个人努力得来的。想摧毁一个组织的士气，最好的方式就是制造“只有玩手段才能获得晋升”的工作气氛。管理完善的公司升迁渠道通畅，有实力的人都有公平竞争的机会，只有这样，员工才会觉得自己是公司的主人，才会觉得自己与公司完全是一体的。

因此，员工和老板是否对立，既取决于员工的心态，也取决于老板的做法。聪明的老板会给员工公平的待遇，而员工也会以自己的忠诚予以回报。

给老板以同情和理解

成功守则中最伟大的一条定律——设身处地，就是凡事为他人着想，站在他人的立场上思考并关心人。当你是一名雇员时，应该多考虑老板的难处，给老板多一些同情和理解；当自己成为一名老板时，则需要多考虑雇员的利益，多一些支持和鼓励。

这条黄金定律不仅仅是一种道德法则，它还是一种动力，推动整个工作环境的改善。当你试着待人如己，多替老板着想时，你身上就会散发出一种善意，影响和感染包括老板在内的周围的人。这种善意最终会回馈到你自己身上，如果今天你从老板那里得到一份同情和理解，很可能就是以前你在与人相处时遵守这条黄金定律所产生的连锁反应。

为什么人们能够轻而易举地原谅一个陌生人的过失，却对自己的老板和上司耿耿于怀呢？最简单的解释就是，彼此之间有长期的利益冲突。当老板的行为与雇员的利益发生冲突时，所有的同情和理解都会化为乌有。

经营管理一家公司是一件复杂的工作，会面临种种繁琐的问题。来自客户、来自公司内部巨大的压力，随时随地都会影响老板的情绪。要知道，老板也是普通人，有自己的喜怒哀乐，有自己的缺陷。

他之所以成为老板，并不是因为完美，而是因为他们具有某种他人所不具备的天赋、才能和条件。因此，首先我们需要用对待普通人的态度来对待老板，不仅如此，我们更应该同情那些努力去经营一个大企业的人，他们不会因为下班的铃声而放下工作。

许多年轻人将自己不能获得提升的原因归咎于老板的不公平，认为老板任人唯亲、嫉贤妒能，不喜欢比自己聪明的雇员，甚至认为老板会阻碍有抱负的人获得成功。事实上，对于大多数老板而言，再也没有什么比缺乏合适的人才更让他苦恼的了，也没有什么比寻找合适的人选更让他焦心的了。

年轻人之所以产生这样的想法，也是以己度人，但是这个“己”是自私的、狭隘的，也就是所谓“以小人之心，度君子之腹”。事实上，从每一个员工第一天上班开始，老板就用心对他进行考察。他们会仔细衡量和分析他的能力、品格、习惯、人际关系、性情等等，只有当他认为一个年轻人缺少必要的能力，有一些不良的习惯和言行举止（包括认为老板无知）时，他才会认为这个年轻人没有前途。毕竟公司是自己苦心经营才发展起来的，在大多数情况下，他们不会因为自己的个人偏见而毁了整个事业。

因此，做员工的应该多反思自己的缺陷，给予老板更多的同情和理解，或许能重新赢得老板的欣赏和器重。

也许老板并不是一个领情的人，但我们依然要设身处地为老板着想。因为同情和宽容是一种美德，在一个老板那里没有作用，并不意味着在所有老板那里都没有效果。退一步来说，如果我们能养成这样思考问题的习惯，我们起码能够做到内心宽慰。

很多老板都曾表达这样的意愿：多年来一直在致力于找寻能够胜任工作的员工，并不需要出色的能力，而是需要态度认真、工作投入、有朝气与责任心。我们常常可以看到，不少员工由于缺乏这些品质而遭到解雇。与此同时，我们也常常能听到，许多失业者一直在牢骚满腹地抱怨现行的法律、社会福利制度和不公的命运。

有很多人常常因为贪图安逸，把工作当成一种苦役，也没有从中培养出仔细认真的工作作风和在工作中追求完美的习惯。

不管你从事任何工作，都要全力以赴，尽最大的努力——只有树立这样的决心和信念，你才不会把工作当成一种苦役，也才会从中得到应有的乐趣。

当你忍不住要抱怨时，不妨看一看老板定律：

一、老板永远是对的；

二、当老板不对时，请参照第一条。

作为某一机构的一员，轻视、诽谤甚至伤害所在机构，就等于伤害你自己。与其毫无意义地抱怨和唠叨，不如去寻找那些值得欣赏的东西，赞美它、支持它、拥护它、理解它，积极地去服从上司的各项指示，你会发现结果将大不相同。

嘲弄和抱怨是慵懒、懦弱无能的最好诠释，它像幽灵一样到处游荡扰人不安。如果无法释放自己的压抑和烦恼，不妨采用一些合适的方法。如：到海边去！在沙滩上将自己的愤懑和不满写出来，让潮水将它们一同卷走，永远抹去。

以老板的心态对待公司

如果你是老板，你对自己今天所做的工作完全满意吗？别人对你的看法也许并不重要，真正重要的是你对自己的看法。回顾一天的工作，扪心自问一下："我是否付出了全部精力和智慧？"

如果你是老板，一定会希望员工能和自己一样，将公司当成自己的事业，更加努力，更加勤奋，更加积极主动。因此，当你的老板向你提出这样的要求时，请不要拒绝他。

以老板的心态对待公司，你就会成为一个值得信赖的人，一个老板乐于雇用的人，一个可能成为老板得力助手的人。更重要的是，你能心安理得地沉稳入眠，因为你清楚自己已全力以赴，完成了自己设定的目标。

一个将企业视为己有并尽职尽责完成工作的人，终将会拥有自己的事业。许多管理制度健全的公司，正在创造机会使员工成为公司的股东。因为人们发现，当员工成为企业所有者时，他们表现得更加忠诚，更具创造力，也会更加努力工作。有一条永远不变的真理：当你像老板一样思考时，你就成为了一名老板。

以老板的心态对待公司，为公司节省花费，公司也会按比例给你报酬。奖励可能不是今天、下星期甚至明年就会兑现，但它一定会来，只不过表现的方式不同而已。当你养成习惯，将公司的资产视为自己的资产一样爱护，你的老板和同事都会看在眼里。美国自由企业体制是建立在这样一种前提之下，即每一个人的收获与劳动是成正比的。

然而在今天这种狂热而高度竞争的经济环境下，你可能感慨自己的付出与受到的肯定和获得的报酬并不成比例。下一次，当你感到工作过度却得不到理想工资、未能获得上司赏识时，记得提醒自己：你是在自己的公司里为自己做事，你的产品就是你自己，服从公司利益是你唯一的选择。

在现实情况中，有很多思想浅薄、鼠目寸光的销售人员把公司的资源据为已有，把公司的客户视作自己的资产。这对公司的发展有很大的危害。所以，一个公司必须建立一套健全的规章和制度，并塑造公平、公正的交易信誉，否则，将无法在激烈的市场环境中获胜，也不可能保证员工有稳定而可观的报酬。

在公司的规章制度确定以后，员工千万不要想去改变公司制度，而要切实遵守，和公司保持一致，尊重公司，以公司为骄傲。只有这样，你才能成为公司不可或缺的人。与之相反，有的人则利用公司的旗号经营自己。他成天忙来忙去，总是收到各种各样的礼品、请柬。这样下去，他就会日益傲慢，钻营妄为。在人们的印象中，他将成为一个这样的人：贪婪，以自我为中心，把个人利益凌驾在整体利益之上。这样的人早晚都会被公司解雇，并且，其他的公司肯定也不会接受他。任何人都应在个人的发展中和公司共同进步，而不是疏远公司。

一个充分独立和被赋予完备的权利的人应该具备如下的品质：不逃避责任，面对挫折毫不气馁，勇于正视公司的一切困难，敢于面对失败甚至耻辱。

所有在困难时还企盼自由翱翔的人都要学会服从，自觉与公司规章保持一致。要牢记：如果没人出来承担失败的责任，那么，可能永远都没有可以分配的利益。同样的道理，你要成大器的话，就要首先甘愿做小人物。只有那些不管在什么时候都和公司站在一起的员工，才可以得到最高的荣誉和奖赏，也唯有这样的人，才会成为公司的骨干，永远都不可能失业。

与老板同舟共济

也许在很多人看来，自己只是一名普通员工，为什么要与老板同舟共济呢？有这种想法的员工，根本没有意识到自己的责任。每一个员工都有责任履行自己的职责和义务。这种履行来自于对老板对企业的忠诚，而不是为了获得奖赏或者别的什么。

或许有人觉得“与老板同舟共济”的忠诚是一种愚忠，但仔细思索就会发现，与老板同舟共济的最终结果，将是共同到达胜利彼岸的双赢啊！企业就如同一条大船，它需要所有的船员也就是员工，全力以赴把船划向成功的彼岸。在企业这条船上，上司或老板就是船长。这个职位所给予他的，不仅仅是权力和地位，还有责任，他要思考船的航向，要避免船触暗礁或冰山，要保障一船人的安全。从这种意义上说，一旦进了一家企业，就等于上了一条远航的船，上司或老板就成了你工作中极其重要的一个人，你的前途、家庭都将受惠于这个人，这也就要求每一个员工都要和上司或老板同舟共济，患难与共。

玛丽学历不高，最初只是在一家房地产公司做电脑打字员。她的打字室与老板的办公室之间只隔着一块大玻璃，老板的举止她只要愿意就可以看得清清楚楚。但她很少向那边多看一眼，她每天都有打不完的材料，她知道工作认真刻苦是她唯一可以和别人一争长短的资本。她处处为公司打算，打印纸从不浪费一张，如果不是紧要的文件，她会把一张打印纸两面用。

一年后，公司资金运作困难，员工工资开始告急，大家纷纷跳槽，最后总经理办公室的工作人员就剩下她一个了。人少了，她的工作量陡然加重，除了打字还要接听电话，为老板整理文件。因为公司运转越来越困难，老板整天眉头紧锁，为公司的前途担忧。

有一天，玛丽走进老板的办公室，直截了当地问老板："您认为我们的公司已经垮了吗？"老板很惊讶，说："没有。""既然没有，您就不应该这样消沉。现在的情况确实不好，可很多公司都面临着同样的问题，并非只有我们一家。虽然公司的2000万元砸在了工程上，成了一笔死钱，可公司没有全死呀！我们不是还有一个公寓项目吗？只要好好做，这个项目就可以成为公司重整旗鼓的开始。"说完她拿出了该项目的策划方案。

很快，玛丽被派去负责那个项目。三个月后，那片位置不算好的公寓全部售出，玛丽为公司拿到了5000万元的支票，公司终于有了起色。玛丽也因此被提升为公司销售部的总经理。

在庆典酒会上，老板请玛丽为在场的数百名员工讲几句话。玛丽说："一要用心，二要没私心。"

玛丽是这个企业杰出的一员。她在公司遭受危难的时候并没有抛弃公司而走，而是主动承担起重振公司的重任，这种与老板同舟共济的忠诚是任何一家企业都需要的。

对企业来说，肯与老板同舟共济的员工心怀忠诚，因此能源源不断地为企业带来效益，增强凝聚力，提升竞争力；而对员工来说，付出了多少忠诚，企业、老板也会回馈等值甚至更多的奖赏。

在如今这样一个竞争激烈的年代，谋求个人利益，实现自我价值是天经地义的事。但是，很多人没有意识到个性解放、自我实现与忠诚并不是对立的，而是相辅相成、缺一不可的。许多年轻人以玩世不恭的态度对待工作，他们频繁跳槽，觉得自己工作是在出卖劳动力，他们以为工作就是为了向上司或老板要钱，公司经营得好，有经济利润可以捞，自己就留下来，反之那就走人了，更不要谈什么“同舟共济”了。

在职场上，每个人都应做到“企业兴亡，我的责任”，不管企业遇到什么样的情况，都应该与老板同舟共济，这不仅是作为一名员工的基本要求，更是作为一个高尚的人的道德所需。

有一个叫约翰逊的小伙子，他最初选择到一家只有二三十个人的小计算机配件制造公司工作，他的老板是一个只比他大三岁的年轻人。就在约翰逊到公司的第三个月，公司接到了一个大的订单——为某计算机公司加工50万张硬盘。这对当时的公司来说，已经是超级订单了，这笔订单能否顺利按时完成，对公司今后的发展关系重大。公司上下马上忙碌起来，将全部的资金都投入到这个项目中去了。然而，商场风云变幻莫测，一方面由于技术不过关，另一方面由于管理上的疏忽，该公司所生产的硬盘出现了严重的质量缺陷，被全部退货。对于约翰逊所在的小公司来说，这无疑是一个极其沉重的打击，不但没有赚到钱，反而欠了银行的债。银行知道消息后，不断上门来逼债。后来，连支付水电费都成了问题，但老板还是四方筹借到了工资。

发工资时，老板召开了会议，向员工说明了公司面临的窘境，并希望员工能够和他共同来应对这场困难。在了解公司的境况后，许多员工都选择马上辞职。还有一部分员工认为公司走到这一步，责任完全应该由老板来承担，所以他们向老板索要失业赔偿金。这其中就有平时对老板表示过忠心的人，这使老板非常寒心，于是他毫不犹豫地在他们的赔偿协议书上签了字。那些原本没打算索要赔偿金的员工见此情景也纷纷要求赔偿，老板都一一满足了他们。

当看着平日里那些口口声声说要和自己共同打拼的员工离自己而去，老板感到了孤单，他以为公司就剩下了他一个人了。但当他走出自己的办公室时，他却惊讶地发现还有一个人在安静地工作，这个人就是约翰逊。他是一个平日里并不怎么接近老板，也很少和老板交谈的员工。老板这时非常感动，就走到约翰逊面前对他说："你为什么没有向我索要赔偿金呢？如果你现在要，我会给你双倍的。我现在虽然已经身无分文了，但我相信我的朋友会借给我的。"

"赔偿金吗？"约翰逊笑了笑，"我根本就没打算离开，为什么要赔偿金呢？""你不打算离开？"老板显得非常惊讶，因为公司的员工都离他而去了。老板奇怪地问："难道你认为公司还有希望吗？说实话，我自己都失去信心了。"

"不，我认为公司还大有希望，你是公司的老板，你在公司就在；我是公司的员工，公司在我就该留下来。"约翰逊说。老板被深深地感动了："有你这样的员工，我当然应该振作起来！但是，我不忍心你和我一起吃苦，我事实上已经破产了，你还是去找新的工作吧。"

"老板，我愿意留下来和你一起吃苦。公司发展好的时候，我来到了公司，如今公司有了困难，我就离开，这太不道德了。只要你没有宣布公司关门，我就有义务留下来。你刚才不是说你的朋友愿意帮助你吗？如果你愿意接受我这个朋友，那么就让我来帮助你吧，我可以不要一分钱。"

约翰逊坚定地留了下来，并把自己的积蓄全部借给了老板。他的老板为了偿还银行和员工的赔偿金，卖掉了仅有的一个加工车间和所有的设备，也卖掉了汽车。接下来的日子里，他们转变了经营的重心，开始给一些软件公司销售软件。这种方式的投入很小，公司很快就有了转机，两个人度过了半年的艰苦日子后，公司终于开始盈利了。此后，公司进入了快速的发展期。一年多后，公司就由负债转为盈利上百万美元。

一天，难得有时间，约翰逊和老板在一家咖啡馆喝咖啡，老板说："在公司最困难的时候，是你给了我最大的帮助。当时我就想把公司的一半股权交给你，但当时公司还没有脱离困境，我怕拖累你，现在公司终于起死回生了，我觉得是时候把它交给你了。同时，我真诚地邀请你出任公司的总裁。"老板说着，拿出聘书和股权证明书一起交给了约翰逊。

在企业面临着危难的时候，与老板同舟共济，不仅需要员工的眼光和胸怀，更需要的是员工对公司和老板的忠诚。这种忠诚能化解一切的个人得失，能产生巨大的力量，创造惊人的奇迹。

忠诚、责任、执行是最基本的商业精神，它的激励能让我们战胜一切的困难。作为公司忠诚的员工，即使是你的竞争对手，他们也会敬佩你的责任和忠诚，因为你让他们知道为什么对手比自己还强大。